함박눈이 내리는
———— 밤이면

함박눈이 내리는 ———— 밤이면

민윤숙 지음

iworkbook
아이워크북

내가 살아온 이야기

민윤숙(閔閏淑)

1936년 5월 14일 생

진명여고 졸
중앙대학교 문예창작과 전문가과정 수료
연세대학교 TMP 과정 수료
태홍정공부품(주) 대표 역임

| 수상 |
2002 제13회 서울특별시 여성 백일장 / 수필 / 가작
2017 제7회 혼불문학상 1차 선정 (17편 중)
2018 매일 시니어 문학상 / 시
2018 매일 시니어 문학상 / 수필
2020 제21회 도산 안창호 글짓기 공모전 / 일반부 특별상

| 저서 |
(장편소설)『산청』(아시아출판사, 2024)

시댁 식구

친정 식구

NINTH ASSEMBLY OF ASIAN CHURCH WOMEN'S CONFERENCE
KINASIH-CARINGIN, NOVEMBER 1-6,1990 JAKARTA-INDONESIA

NINTH ASSEMBLY OF ASIAN CHURCH WOMEN'S CONFERENCE
KINASIH-CARINGIN, NOVEMBER 1-6,1990 JAKARTA-INDONESIA

미수연

여동생

출판기념회

책을 펴내며

이 책은 어머니께서 어린 시절부터 마음속 깊이 품어오신 작가의 꿈이 긴 세월을 지나 마침내 피워낸 결실입니다.

어머니는 칠 남매의 장녀로서, 또 열 남매의 큰 며느리로서 수많은 책임을 감당하며 긴 세월을 살아오셨습니다. 가정을 돌보고, 가족을 이끌며, 늘 자신보다 타인을 먼저 생각하는 삶이었습니다. 누구보다 많은 손길이 필요한 자리였지만, 어머니는 언제나 조용한 헌신과 단단한 품으로 그 역할을 감당하셨습니다.

아버지가 세상을 떠나신 뒤, 어머니는 홀로 삶의 무게를 견디며 가족을 지켜내셨습니다. 어려운 여건 속에서도 묵묵히 사업을 이어가셨고, 자신의 자리에서 조용히, 그러나 단단하게 살아오셨습니다.

그런 나날들 가운데서도 어머니는 글을 쓰는 꿈을 놓지 않으셨습니다. 팔순이 넘은 나이에도 여전히 마음속 문장을 다듬고, 펜을 들어 한 줄 한 줄 쓰셨습니다. 그 시간의 흔적들이, 이제 구순을 맞은 지금 한 권의 책으로 모였습니다.

이 책의 제목, 『함박눈이 내리는 밤이면』은 어머니께서 직접 쓰신 시에서 따온 것입니다. 눈 내리는 겨울밤처럼 고요하고 따뜻한 감성과 인생의 깊은 사색이 스며 있는 상징적인 작품입니다.

책에는 시 한 편, 산문 여섯 편 그리고 독후감 한 편이 실려 있습니다. 오래도록 마음속에서 빚어낸 글들에는 시간을 건너 건네는 잔잔한 이야기들이 담겨 있습니다. 거기엔 삶의 깊이, 세월의 연륜 그리고 여전히 살아 숨 쉬는 따뜻한 감성이 깃들어 있습니다.

어머니는 2002년 서울특별시 여성 백일장 수필 부문 가작을 시작으로, 2017년 혼불문학상 1차 선정, 2018년 매일 시니어 문학상(시·수필 부문), 2020년 도산 안창호 글짓기 공모전 특별상에 이르기까지, 멈추지 않는 마음으로 작가의 길을 걸어오셨습니다.

그리고 작년에는 어머니께서 당신의 큰어머니 생애를 바탕으로 집필하신 장편소설 『산청』을 출간하셨습니다. 한 여성의 파란만장한 생애를 담담하게 풀어낸 그 이야기는 삶의 본질을 되새기게 하는 깊은 울림을 전했습니다.

이 책, 『함박눈이 내리는 밤이면』은 단지 글을 모은 책이 아닙니다. 한평생 어려움 속에서도 잊지 않고 살아온 꿈을 끝내 현실로 만든 아름다운 증언이며, 우리 모두에게 전하는 조용한 위로이자 희망입니다.

글로써 인생을 남기신 어머니께, 깊은 존경과 사랑을 담아 이 책을 바칩니다.

2025. 4.
세 남매를 대표해서
장남 이보화 올림

차 례

시

산문

독후감

함박눈이 내리는 밤이면

창이 큰 찻집에서
가스등 마주하고 차를 마신다.
창밖에는
함박눈이 소리 없이 내리고
다 하지 못한 사랑
녹색 등 호롱 속에 가두어 놓고
여인은, 짐짓
아무 일도 없는 듯
단단한 미소로
창가에 비켜 앉아 있다.

_ 매일 시니어 문학상 시 부문 당선작(2018년)

시 〈함박눈이 내리는 밤이면〉
당선 소감

68년 전, 우리들은 6.25 전쟁으로 부산에서 피난 생활을 했었다. 학생들은 거주지에 속한 학교에 편입되었다. 나는 구덕산 밑 부산여중으로 갔다. 전국에서 모여든 학생을 다 수용하기에는 교실이 턱도 없이 부족했다. 천막으로 교실을 짓고 피난 학생들은 천막에서 수업을 했다. 다닥다닥 붙어 앉아서 무릎 위에 책을 놓고 수업을 했다.

얼마 후 당국에서는 부산으로 피난 온 선생님들을 중심으로 학교를 시작하라고 했다. 우리 피난 학생들은 모두 본교로 돌아갔다. 하지만 30~40평, 일본식 건물에 전교생이 다 들어가야 하니 비좁은 것은 마찬가지였다. 집은 집대로 단칸방에서 온 식구가 살았으니 그 답답함은 다 표현할 길이 없었다.

그러던 차에 진해로 소풍을 갔고, 답답했던 모든 것을 다 털어내고 마냥 즐거워서 학교로 돌아왔고, 소풍 기행문을 썼다. 월요일 아침 조회 시간에 전교생이 다 모인 자리에서 최우수 작품 낭송이 있었다. 나는 떨리는 목소리로 내 작품을 또박또박 읽어나가며 그때, 내 마음에 자긍심을 심게 되었다. 그리고 아마도 그때, 문학에 대한 열망의 씨앗이 심겨지지 않았나 생각된다.

그보다 앞서 6.25 전쟁이 나기 전, 중학교에 입학하고 얼마 지나지 않아서였다. 그때는 좌익 우익이 딱 갈라진 시대가 아니었다. 프롤레타리아의 이상론에 심취되어 부자는 부자대로 가난한 사람은 가난한 대로 유토피아를 꿈꾸면서, 그 이론에 매료되어 있던 사람들도 많은 때였었다. 당국과 학교에서는 반공사상을 고취시키기 위하여 반공 표어를 지어 오라고 자주 숙제를 내 주었다.

하얀 칼라에 귀밑, 1cm의 머리를 찰랑거리면서, 나는 당당하게 학교 현관으로 들어섰다. 현관 중앙 맞은편에 "무궁화를 좀 먹는 붉은 벌레 없애자"라는 표어가 붙어 있었다. '아니 저건 내가 써서 낸 내 표어잖아' 그 순간 벽면을 가득 채운 커다란 붓글씨 앞에서 나는 감격하여 경직된 모습으로 한참을 서 있었다. 그 감격은 아침마다, 현관을 들어설 때마다 더 해 갔었다. 아마도 정말 내게 씨앗이 심겨진 때는 그때가 아닌가 싶다. 진해 소풍 기행문 사건은 그 씨앗이 발아된 시기가 아닌가 생각된다.

그러나 서울로 환도한 나는 그 싹을 꽃 피우지 못하고 이른 나이에 결혼을 했다. 많은 형제에 맏딸인 나는 대학 국문과에 합격은 했으나 대학 진학을 포기해야 했다. 바로 위에 오빠가 의용군에 갔다 온 관계로 대학 입학이 늦어졌다. 그러므로 나와 같은 해에 대학을 가게 되었고, 내가 양보를 해야 했고, 밑에 동생이 다섯 명이나 있으니, 대학은 꿈도 꾸지 못할 집안 형편이었다.

일찍 결혼을 했다. 아이 셋을 낳고 기르느라 작가의 꿈은 꾸지도 못했고, 또 남편 사후, 남편 사업을 대신 하느라 문학에 대한 열망은 접어 두었었다. 회사 일이 어느 정도 안정되자, 늦은 나이임에도 공부를 시작했다. 문화 센타에서 시 창작 수업을 듣고, 수필반에서 수필을 쓰고, 드디어 학교로 갔다. 중앙대학교 문예창작과에서 육 년 동안 단편을 썼다. 교수님이 이번에는 장편을 한 번 써 보자고 했다. 장편 첫 페이지, 마지막 페이지, 가장 감명 깊은 장면, 이렇게 세 장을 써오라고 했다. 정말 심혈을 기울여서 썼다. 다음 시간, 선생님은 많은 작품 중 소설이 될 만한 작품은 내 작품 하나뿐이라고 했다. 나는 그날부터 2년에 걸쳐 장편을 썼다. 선생님의 칭찬 한마디에 고무되어 용기를 얻고, 힘을 내어 열심히 썼다. 70이 넘은 나이에 밤을 새우면서 썼다. 쓰면서 선생님과 문우들의 합평을 토대로 개작을 해 가면서 썼다. 그리고 문학상 공모전에 응모하기를 아홉 번째, 제7회 혼불문학상 응모전에 응모했다.

핸드폰 문자에 혼불문학상에서 문자가 왔다. 혼불에서? 혼불에서? 이것은 분명 보통 일이 아니다. 다급한 마음에 손이 벌벌 떨리고, 가슴이 두근거려 숨도 제대로 못 쉴 지경이다. 힘겹게 열어 본 화면에는 '혼불문학상 수상자 발표'라는 글귀가 적혀 있다. 내게 이런 문자가? 내게? 눈물이 앞을 가려 화면을 볼 수가 없다. 잠시 진정하고 다시 열어 보았다.

282명 응모자 중, 수상은 하지 못했지만 예선 17편 안에 들었다고 한다.

아! 하나님 감사합니다. 이제 내가 대가들의 인정을 받았다. 이만하면 족하다. 그런데 또 매일 시니어 문학상을 받게 되었다. 논픽션과 시, 두 부문에서 상을 받게 되었다. 이제부터라도 더 열심히 쓸 것이다. 2013년도 노벨 문학상, 여성 수상자, 앨리스 먼로도 나와 같은 나이인 83세. 늦었다고 생각할 때가 가장 이른 때라는 말도 있다. 하면 된다!!! 하면 된다!!!

선과 악,
그 사이

예배당 안은 엄숙하고, 파이프 오르간 소리만 조용히 들린다.

여자는 자리에 앉아 눈을 들어 십자가를 바라본다. 주일마다, 또 수시로 보는 십자가인데 왜 이다지도 감격하고 감동하는지? 또 코끝이 찡하다. "하나님" 이렇게 부르고 나면 저절로 머리가 숙여지고 그때부터 예배가 시작될 때까지 하나님과의 깊은 교류가 이루어진다.

그런데 오늘은 아무리 하나님을 불러도 아무 말도 나오지 않는다. 안타까워 하나님만 되풀이하고 있는데 뒤에 앉은 사람들의 수군거리는 소리까지 들리고 신경을 곤두서게 한다.

"어머, 김 권사님, 어디 편찮으세요? 안색이 안 좋으시네요."

"눈이… 좀… 안 좋네요."

여자는 뇌를 교란시키는 말소리들과 잡념을 떨쳐내기에 무진 애를 쓴다. 하지만 뒤에서 하는 말은 여전히 들려오고…. 집중하기에 실패한 그녀의 뇌는 어느새 자신에게 일어났었던, 기억하기도 싫은, 게다가 자신에게 트라우마가 된 그리고 하나님 앞에 죄스러웠던 그 오래전의 일들을… 그리고 이제야 문제로 터진 일들을 반추하기에 이른다.

평소 생산부서 직원들은 사장실에 들어오는 경우가 드물다. 더구나 출근 즉시 급히 들어서는 생산부 김 부장에게 무언가 심상찮은 일이 생긴 것이라고 짐작하고 김 부장을 바라본다.

"사장님, 어제 사장님 퇴근하시고 나서, 현장 공원 몇 명이 몰려왔습니다. 자기들은 주식을 거래한 일이 없는데 '주식 거래 현황'이라는 문서가 증권회사에서 본인들의 이름으로 왔답니다. 뭐라고 답을 해주어야 될지요?"

김 부장을 흘깃 쳐다보니 의혹이 가득한 눈빛이 심상치가 않다. 저 사람도 공원들과 한통속인 것이다. 저 사람한테 지금 무슨 말을 해 줄 것인가?

여자는 침묵한 채 의자를 약간 비틀어 창밖을 내다보았다. 하늘은 뜨물같이 흐리고 기분 또한 트릿하다.

증권회사에서는 왜 그런 실수를 해서 이렇듯 자신을 당혹하게 하는지 부아가 치민다.

가만히 눈을 감고 호흡을 고르고 있다가 건너편 생산 동을 한참 바라본다. 대낮인데도 환하게 불을 밝히고 제자리에서 모두 열심히 일하고 있다.

동풍이 불어오듯 기분이 살짝 풀린다. 무슨 일이 있든지, 누가 뭐라고 하든지 그녀는 열심히 일하는 저들을 사랑한다.

오륙 년 전 일이다. 여자는 그날 협력업체 '동반성장회의'(상생회의)에 갔다가 회사로 돌아와 이 이사를 불렀다. 이번 사장단 회의는 또 단가 인하 문제가 거론될 것이라는 추측을 미리부터 하던 이 이사는 숨 돌릴 짬도 주지 않고 급히 다그친다.

"사장님, 회의 결과는 어땠습니까?"

"이 이사, 큰일 났어요. 역시, 또 단가를 인하한다는데요."

"현 단가로도 겨우 유지해 나가는데 또 인하를 한다면, 도대체 협력업체는 어떻게 살아남으라고 그러는 겁니까? 다른 업체들은 뭐라고들 하든가요?"

"다들 난리지, 문 닫아야 할 것 같다고. 모회사의 순이익이 올해 몇 조라는 며칠 전 매스컴의 보도만 없었더라도 그렇게들 흥분하지는 않았을 거예요. '물건은 우리가 만들어 내고 돈은 자기네가 벌고, 상생은 무슨 상생? 살생이지…' 하면서들, 무슨 일낼 것 같았어요. 그러면 뭘 합니까? 하기 싫으면 그만두라고, 할 사람 줄 서 있다고 하면 또 기가 죽어, 죽지 못해 해야 하는 걸요."

"결론은 어떻게 났습니까?"

"결론이 날 수가 있나요. 다음 주에 또 회의를 한답니다. 얼마가 되든지 인하는 해야 할 거예요. 그러니 우리도 더더욱 긴축 경영을 해야 할 것 같아요. 누수와 로스를 줄이고 불량률도 0.1%를 넘지 않도록 포스터를 만들어 생산 현장 벽에 붙이세요."

"알았습니다. 그런데 사장님, 우리도 죽지고 만들지만 말고, 금융 소득 쪽으로 눈을 조금 돌려보면 어떨까요?"

"구체적으로 어떤?"

"펀드 같은 거 말입니다."

"펀드라면, 주식을 사고팔자는 말인가요?"

"네, 잘만 하면 꽤 괜찮다고들 하던데요."

"이 이사, 펀드 해요?"

"아닙니다. 아이들 공부시키기도 빠듯한데 제가 돈이 있어야지요."

"회사도 자금 사정이 그리 넉넉하지는 않을 텐데, 그리고 잘 되기
만 하면 좋은 일이지 만약 실패하면 그때 자금난을 어떻게 할 겁니
까?"

"그도 그렇기는 합니다."

여자도, 이 이사도 각기 자신들의 생각에 빠져 잠시 침묵이 흐른
다. 한참 만에 여자가 무겁게 입을 연다.

"기왕 말이 났으니 그럼, 이거라도 한번 해 보도록 합시다. 요즈음
중소기업은행에서 근로자들에게 혜택을 주는 주식이 있어요. 우리
공원들에게 그걸 들어주는 거예요. 그렇지 않아도 신문에서 보고 우
리 아이들 생각을 잠시 했었어요. 후생 복지 차원에서 잘됐네요.

공원들, 도장과 주민증 카피를 하나씩 받아 오세요, 통장을 개설하
게. 이것은 회사 차원이 아니라 내 개인이 관리하고 돈도 내 개인 돈으
로 충당하겠어요. 회사가 지금 자금이 그렇게 넉넉히 돌아가지를 않
아서요. 이 모든 것은 비밀로 해 주세요. 먼 훗날, 그들에게 도움이 되
었으면 해요. 전부 내가 알아서 할게요."

오 년 전의 그 일이 이제 터지는 모양이다. 일단은 이 일을 공모한

이 이사를 불러 먼저 상의를 해야 할 것 같다. 비껴 앉은 여자에게 아직도 읍한 채 서 있는 김 부장을 보니 태도는 지극히 공손하나 그 눈빛은 불온하기 그지없다. 못 본 척 김 부장에게 알았으니 나가서 이 이사 들어오게 하라고 말했다.

이 이사는 그 일이 있은 다음 그 일에 대해서 한 번도 물어 온 적도 없었고, 아마도 까맣게 잊고 있는 듯했다. 이 일을 어떻게 말할 것인가. 떼돈을 벌었다고 사실대로 말할 것인가? 아니면 깡통을 찼다고 말할 것인가?

깊은 생각에 빠져 노크 소리를 못 들었나 보다.

"사장님 부르셨습니까? 무슨 일 있으십니까?"

"이 이사, 몇 년 전에 펀드 문제로 이 이사가 내게 건의한 거 생각나세요? 그래서 공원 아이들 주식 사준다고 한 거?"

"아, 기억납니다. 참! 그거 어떻게 하셨습니까? 사기는 사셨습니까? 하도 정신없이 돌아가느라 까맣게 잊었습니다."

기억도 못 하고 있는 일, 안 샀다고 해도 되겠지만, 일단 공원들이 다 알아버렸으니 그럴 수는 없는 일이다.

"사기는 샀죠."

"그럼, 좀 투자 가치가 있으셨습니까? 하긴 주식 해서 돈 벌었다는 사람 못 봤습니다."

"그저 그랬어요. 중소기업, '공원 특혜 주식' 끝나고 나서는 별 특혜 상품이 없었어요. 그런데 공원들이 어떻게 알았는지 김 부장에게 항의를 해 왔다는데요, 더는 지속 못 할 것 같습니다. 통장은 아직 내가 가지고 있으니 어떻게 하면 좋을까요?"

"아, 그거 뭐 흐지부지된 거 다 해지해 버리지요. 내일 제가 생산부서 사람들 점심시간에 불러 모아 그간의 내용 설명하고 양해를 구하도록 하겠습니다."

"아니, 그냥 두세요. 내가 증권회사 가서 다 마무리 지은 후에 내가 말할게요. 월요일 저녁 생산부서 사람들 회식하세요. 그 자리에서 말하겠어요."

주식을 처분하고, 증권회사로 갔다. 담당 직원이 90도 각도 경례로 경의를 표하고 지점장실로 안내한다. 지점장이 반갑게 맞이하며 말했다.

"사장님, 며칠 전 정말 잘 파셨습니다. 다음날부터 곤두박질치는데 정신없었습니다. 어떻게 사장님은 사시고 나면 오르고, 파시고 나면 내리는지 도무지 그 속을 알 수가 없습니다. 정말 저희들보다 '신통'하십니다."

"그래요? 그런데 우리 직원들 통장 모두 해지해야 될 것 같아요."

"왜 그러십니까? 저희 회사와 거래를 끊으시려구요? 뭐, 저희들이 소홀한 점 있었습니까? 저희도 사장님 자문 많이 받아야 하는데요."

"아니에요. 거래를 끊기는요. 내 것은 그냥 두시고, 직원들 것 만요. 그 대신 예금통장으로 전환해 주세요. 월요일 개인별 예금 액수를 알려드릴 테니 정리하셔서 회사로 보내주세요."

공원들에게 며칠 전 전액 매도한 빈 통장을 그대로 나누어 줄 수는 없다. 또 그 통장을 받은 공원들이 빈 통장으로, 지난 오륙 년 간의 통장 내역을 전부 알아버린다면 그것 또한 곤란한 일이다. 또 하나, 걱정스러운 것은 주식 거래 통장을 그대로 넘겨준다면 공원들이 그 일을 빌미로 주식에 잘못 발을 들여놓았다가 쪽박 차게 될 일을 염려해서 각자 예금통장을 개설해서 상당한 돈을 예치해 주었다.

이만하면 모든 일이 원만히 해결되었는데 왜 이리도 마음이 복잡한 것일까? 이제 월요일 회사에 가면 통장을 나누어주고, 그 통장은 사장인 내 사인으로 개설한 것이라 각자가 해지할 수 없으며, 앞으로 지급되는 모든 특별상여금은 그 통장으로 입금될 것이라고 말할 것이다.

이쯤이면 양심에 물어보아도 별로 꺼릴 것이 없겠다고 자부심을 가질 만한데, 개운치가 않다.

개운하지 않은 것의 그 정체가 무엇일까? 그 정체가 무엇인지 모른다고 시침을 떼지만 자신은 이미 그 정체가 무엇인지 알고 있다.

"회사 차원이 아닌 내 개인이 관리하고, 돈도 내 돈으로 충당하겠어요."

트릭은 이 대목에 있다. '나의 관리하에 내 돈'이라는 것보다 '너의 이름'이 얼마나 큰 비중을 차지하는지 뻔히 알면서도 여자는 그 생각을 머리에서 털어버린다. 그때 또 뒤에서 소곤대는 소리가 들려왔다.

"권사님, 좀 안 좋은 게 아닌 것 같은데… 병원은 가보셨어요?"

"병원이야 가봤죠. 한 쪽 눈이 백내장 수술 시기를 놓쳐서 실명한 게 벌써 오 년 전이었어요."

"어머, 한쪽 눈이 안 보이세요? 어머, 나는 그것도 몰랐네."

"한쪽 눈 실명한 거야 뭐 대수겠어요? 이번에는 나머지 눈마저 백내장이라네요. 그때 증세와 비슷해서 동네병원에 갔더니 아직 실명 단계는 아니지만 큰 병원으로 가보라고 하는 거예요. 한시가 급하다고…."

"그래, 큰 병원에는 가보셨어요? 뭐래요? 수술하면 괜찮대요?"

"제가 독거노인이에요. 돈도 돈이지만 어디로 가서 어떻게 해야 할
지 엄두가 나질 않네요."

때마침 주악 반주가 시작되고 목사가 강대상 앞에 섰다. 여자는
설교나 기도가 귀에 들어오지 않는다. 몸은 예배당 안에 앉아 있어도
그녀의 영혼은 엉뚱한 곳을 방황하고 있다. 그리고 자신을 변명하기
에 여념이 없다.

'이름이 무슨 대수야? 내 돈을 가지고 내가 운영한 것이 대수지,
이제 공원들이 알았다고 해서 무엇이 달라질 것도 없고, 무슨 문제가
일어날 것도 없다. 자기들 받을 돈을 횡령한 것도 아니고, 더구나
회삿돈으로 한 것도 아니며, 단지 그들의 이름을 잠시 빌렸을 뿐인데,
그리고 그 이름이 별 도움이 안 된 지도 이미 오래되었다. 차명으로
명예를 훼손시킨 것도 아니며 빚 보를 세운 것도 아니지 않는가?
장래에 자기들에게 혜택을 주고자 해서 한 일인데…'

초심은 아름다웠다. 증권 회사에서 통장개설을 하고 얼마 후,
중소기업은행에서 '공원 특혜주식 수익금'이 나왔을 때, 여자는 그
돈을 공원들의 복지를 위해서 쓰리라고 다짐했었다. 그러나 그 돈은
너무 어마어마했었다. 머릿속으로 슬며시 드는 생각, '그 돈의 모체
는 내 것이었는데…'

그 일로 마음이 어수선해 있던 어느 날, 그 생각에서 벗어나지 못하고, 찜찜한 기분으로 현장을 돌아보고 있었을 때였다.

집채만큼 큰 기계 앞에 서 있는 기수들은 기계의 크기 때문인지, 아니면 현장에는 기수들뿐 사람의 그림자라고는 안 보여서인지 더욱 조그맣고 쓸쓸해 보였다.

'부모를 잘못 만나 한창 공부할 나이에….'

측은하다는 생각을 하며, 일 호기를 지나 이 호기, 삼 호기 앞에 이르렀다.

그런데 삼 호기 앞에 사람이 누워 전신을 비틀며 발작을 일으키고 있다. 놀란 여자는 왜 이러느냐고 물었고, 뒤따르던 김 부장은 태연하게 말한다. 조금 있으면 일어날 것이라고….

아닌 게 아니라 부스스 털고 일어난 아이는 고개도 못 들고 죄인인 양 서 있다.

"김 부장, 이 아이 왜 그래요?"
"성휴, 너는 가서 일해."

성휴라는 아이가 자리를 뜨자 김 부장이 이야기한다.

"성휴가 간질이에요. 잠깐씩 발작하다가 금방 말짱해져요. 일하는
데는 아무 지장 없습니다."

"병원에서는 뭐라고 한대요?"

"병원에는 안 가 봤나 봐요. 저 병은 병원에서 고칠 병이 아니라는
데요. 죽을 때까지 짊어지고 가야 한다나 봐요."

여자는 어처구니가 없어서 아무 말도 못 하고 있다가, "퇴근할
때, 성휴 나 좀 보고 가라"고 이르고, 현장 돌아보는 것을 그만두고
사무실로 올라와 버렸다. 여자는 공원들을 위하여 힘닿는 데까지
복지에 힘쓰겠다는 의지를 굳힌다.

공단 근처에 있는 고대 부속병원으로 갔다. 지인의 소개를 받은
의사는 친절했다.

"검사를 한다고 해도, 제대로 병명을 규명하기도 어렵고, 만에 하
나 비슷하게나마 원인을 찾아내게 된다 해도 적절한 치료가 될지도
미지수입니다. 게다가 고가 의료기 사용료가 엄청나고, 보험도 적용
이 안 되는데요. 어떻게 하시겠습니까?"

"할 수 있는 것은 다 해 주세요."

그렇게 해서 성휴는 모든 검사를 끝내고, 적절한 치료에 들어갔

다. 약을 먹기 시작하고부터 거의 발작을 멈추었다. 다행히 비슷하게 나마 원인 규명이 되었나 보다.

더욱 감사 한 일은 간질 환우 모임인 '장미회'에 가입하게 된 것이다. 서로 친교 하면서 여자 친구도 사귀게 되었고, 결혼까지 하게 되었다. 땅만 보고 다니던 성휴가 고개를 똑바로 처들고 다닌다. 이보다 더 보람된 일이 어디 있겠는가?

그러나 기쁜 일만 있었던 것은 아니다. 다시 생각하기도 싫은 일도 있었다.

현수가 제초제를 마시고 자살한 사건은 여자를 너무도 슬프게 했다. 밤에 자려고 하는데 회사에서 전화가 왔다. 죽어가는 현수를 고대구로병원으로 옮겨 우선 응급조치는 했는데 고대병원에서는 받아 줄 수가 없다고, 다른 병원으로 옮기라고 한단다.

우선 저번 성휴의 주치의에게 전화로 상의한 결과, 하룻밤은 고대병원에서 지내고, 그런 환자들이 가는 시립병원에 소개장을 써 줄 터이니 내일 그 병원으로 옮기라고 한다.

여자는 아침 일찍 구로병원으로 갔다. 응급실로 들어가니 현수는 눈을 감고 죽은 듯이 누워 있다.

'어쩜! 저 어린 것이 무엇 때문에 세상을 그만 살려고 마음먹었을 까?'

가슴속에서 울컥 무엇인가가 치받친다.

현수라는 아이는 얼굴에 잡티 하나 없이, 여자같이 고운 피부를 가지고 있고, 선이 고운 얼굴에 눈썹은 그린 듯이 짙다. 부잣집 막내 아들 같은 느낌이다.

그런데 저 애는 왜 연고자 하나 없이 이 험한 세상을 혼자 떠도는 걸까?

그때 김 부장이 도착했다.

김 부장이 모든 수속을 끝내고 다시 돌아와 현수를 흔들어 깨웠다. 눈을 뜬 현수는 김 부장을 일별하고 그 시선이 여자에게 머무른다. 여자는 자기를 몰라도 현수는 사장인 여자를 알 터인데, 무심한 눈길을 잠시 머무르고 딴 곳으로 시선을 돌려 버린다.

세상만사에 아무 관심이 없는 태도다.

진찰 결과 독한 제초제에 식도와 위가 다 상했단다. 치료는 해 보지만 어려울 것 같다고 말하는 의사에게 여자는 애원하며 매달렸다.

"선생님 돈이 얼마가 들어도 되니까 꼭 살려 주세요. 부탁드립니다."

"어머니 되십니까?"

여자는 얼떨결에 고개를 끄덕이고, 두 손을 마주 잡고 싹싹 비볐다. 현수의 치료는 오래 걸렸다. 마침 시립병원이 여자의 집에서 멀지 않아 자주 들여다보았다. 말수가 없는 아이는 입을 잘 열려하지 않는다. 언제나 묻는 말에 대답만 간단히 할 뿐이다. 그런 하루, 아이가 수줍은 듯 입을 연다.

"사장님, 저~ 엄마라고 한 번만 불러 봐도 되나요? 딱 한 번만요."

여자는 저 무심한 척하는 아이의 가슴속에 어떤 트라우마가 있기에 저렇듯 어려운 말을 짜내듯 토해 내는 걸까? 여자는 현수의 여자같이 고운 손을 잡아 주며,

"그럼! 엄마라고 불러도 되지, 한번이 아니라 얼마든지."

현수는 눈을 감고 한동안 침묵하고 있다가 기어들어 가는 목소리로 말했다.

"엄마!"
"그래, 현수야."

눈을 감고 있던 그 순간에 현수는 누구를 떠올리며 여자의 손을 잡고 있었던 것일까?

여자는 현수가 그리워하는 그 누군가가 되었기를 바라며 잡은 손에 힘을 주었다.

현수는 기적적으로 살아나서 복직을 했다. 그런 현수가 몇 달이 지난 뒤, 깨진 맥주병으로 손목 혈관을 그어 피를 다 쏟고 병원으로 옮겼으나 죽었다고 한다.

야간 근무 마치고 돌아온 동료들은 모두 자기들 방에서 깊이 잠들었고, 주간 조는 모두 출근하고 없는 틈을 타서 일을 저질렀다고 한다.

여자는 진저리를 쳤다.

농약을 마실 용기로, 혈관을 끊을 용기로 살아보려고 노력은 해 보았을까? 그의 부모는 누구일까? 생긴새로 보아서 있는 집 자식인 듯한데…. 무작정 가출? 아니면 부모의 사업 실패로 이산가족이 된 것일까? 그도 아니면 아빠의 외도? 그로 인한 엄마의 가출로 충격받은 가출?

아무리 생각해도 왜 연고가 없는지 알아낼 수가 없다. 고된 일을 해 본 것 같지 않은 아이는, 공장 생활에 적응하지 못하고 너무 힘들어 죽는 게 낫겠다고 생각한 것인가?

퇴원 후에도 관심을 가져주었어야 했는데….

여자는 자신을 자책했다. 그러나 여자에게도 변명은 있었다. 계속 일어나는 크고 작은 사건들은 현수에게만 신경 쓰고 있을 시간적 여유를 주지 않았다. 잘 지내고 있으리라고만 생각했었다.

김 부장에게 말했다.

"김 부장, 현수 신상명세서 좀 가져오세요."

"그런데 입사 지원서만 있고 주민등록증, 신분증 등 신원을 알 수 있는 것이 아무것도 없어요."

"왜 입사할 때 구비서류를 챙기지 않았어요?"

"다음날, 다음날 하면서 미루는 바람에 그만 잊었습니다. 죄송합니다."

"친하게 지내는 아이들이라도 있을 거 아니에요. 그들에게 물어보세요."

"현수는 외톨이예요. 아무하고도 말을 잘 하지 않아요. 들어 온 지도 얼마 되지 않고…."

여자는 며칠 동안 현수 생각에서 헤어나지 못했다. 원래 신경쇠약증을 앓았던 여자는 밤잠을 못 이루는 병이 도졌다.

잠을 이루지 못하고 실랑이를 하다가 겨우 잠들면, "엄마" 하고 부르는 현수의 목소리에 잠이 깨어서 다시 잠들지 못한다.

깨고 나면 온몸에 땀이 흥건했다. 어느 때는 현수를 목청껏 부르며 허우적대는 여자를 남편이 걱정스레 흔들어 깨우기도 했다.

"당신, 현수가 누구길래 그렇게 애타게 부르는 거야?"

무심한 남편은 더 이상 깊이 알려고 하지 않고 돌아누워 잠들어 버린다. 그러나 그런 상태가 오래 계속되니 남편은 그녀를 데리고 병원으로 갔다.

결과는 역시 신경쇠약증이었다. 치료를 열심히 하지 않으면 정신 분열증이 될 수도 있다고 으름장을 놓는다.

'만약에 정신 이상이 생겨 정신 병동에 갇히게 된다면? 고3인 딸과 그 위로 현수만하고, 그보다 조금 큰 한참 사춘기의 아이들이 미친 여자의 자식들이라고 놀림을 받게 된다면? 그것은 안 될 말이다. 들 토끼 잡으려다 집토끼 놓쳐 버릴 일이 생겨서는 안 될 것이다.'

이렇게 생각해서 공원들 일은 우선 접어두고 처방된 약을 열심히 복용했으나 잠 못 드는 것은 여전했고, 정신만 흐리멍덩했다. 만사가 시들하고 의욕이 없다.

여자는 내가 없어도 회사는 잘 돌아가고 있고, 아이들도 자기들 끼리 잘 해내고 있고, 남편은 전보다 더욱 씩씩한 것 같다. 세상은 내가 없어도 별 아쉬울 것 없이 잘 흘러가고 있다. 회사 공원들 복지 문제도 누구 하나 간절하게 그녀를 찾는 이도 없다. 그냥 안 해도 될 일들을 할 일이 없어서 한 것 같은 느낌이 든다.

돈도 굴러가던 대로 잘 굴러가고 있다. 그런데 그 돈은 무엇에 필요한 거지? 더 이상 그들이 나를 필요로 하지 않는 이상 돈도 별로 큰 의미가 없어졌다. 이제까지 오랫동안 많은 사건을 해결해 주느라 얼마나 애를 썼나? 이제 더 이상 그들의 구질구질한 일에 빠져들고 싶지 않다. 그들의 아픔에 같이 아파하고 가슴 아려하다가 종래는 병까지 얻게 되니 내 자신이 어리석었다는 생각도 든다.

투병 생활 중, 약물 복용과 심리치료도 쉬운 일은 아니었으나, 더더욱 그녀를 괴롭게 한 것은 세상에 대한 편견이었다. 모든 상황이 왜곡되게 보이고 부정적인 생각을 가지게 되었다. 생활에 기쁨이란 것이 사라졌다.

사람은 왜 살지? 삶의 궁극적 목적은 무엇이며 그 끝은 어디지? 크리스천인 자신이 이런 의문을 가지다니…. 천국에 대한 확신은 다 어디로 가 버린 걸까? 모든 것에 회의를 가지기 시작했고, 외출도 하지 않는 날이 많아졌다. 회사는 오전에 나가 결재만 해 주고 들어오곤 했다.

그런 상태가 일 년여 계속되던 어느 봄날이었다. 회사 마당 곳곳에 목련이며 벚꽃이 한창이었다. 정문 옆 담장 곁에 휘늘어진 개나리꽃의 샛노란 색깔은 사람을 황홀경에 빠뜨린다. 졸음이 오듯 감기는 눈을 간신히 버티고 있는데 머리에 큰 보퉁이를 인 여자가 들어서고 성휴가 따라 들어온다.

"사장님, 제 어머니세요."
"아! 그러세요."
"사장님, 감사합니다. 우리 성휴 사람 노릇하고 장가까지 가서 아들까지 얻고, 이 은혜를 어찌 갚아야 할지, 무슨 말로 해야 다 할지 알지를 모르겠구만요."

성휴 어머니는 질금질금 눈물을 짜며 연신 코를 풀며 하다가 아예 목 놓아 울고 있다. 그 어미의 머릿속에 걱정거리로 그려지던 모든 삽화가 파노라마처럼 흘러가고 있는 듯하다.

고향 오는 길목에 있는 제법 깊은 냇물, 징검다리를 건너다가 발작을 해서 물에 둥둥 떠내려가는 아들을 상상하는 대목쯤인지, 자지러진다.

조금 진정이 되는 듯, 코를 훌쩍이던 성휴 엄마는 또 울음의 고조를 높인다.

아마도 뜨거운 물이 펄펄 끓고 있는 가스 불 위에 얼굴을 처박는 상상인지, 곧 숨이 넘어갈 듯하다. 오장 육부 속에 한으로 쌓인 모든 상처를 다 토해 내는 듯하다.

그 자지러드는 성휴 엄마의 모습을 바라보고 앉아 있던 여자도 가슴이 후련함을 느낀다. 성휴 어미가 애끓는 울음을 토해 낼 때, 그때 여자의 스트레스도 카타르시스를 경험했나 보다.

동반 성장, 상생이란 말이 왜 이 대목에서 떠오르지? 약간 웃기는 상상이다. 두 여자 모두 평온한 얼굴로 돌아와 마주 보고 웃고 있다.

"진작 왔어야 했는데, 다 나았다고 해도 믿지를 안 했어유. 나 안심
시키려고 그러는 줄만 알았어유. 사장님, 정말 고맙구만유."

성휴 엄마가 다녀가고 나서 여자의 병은 차츰 차도를 보이기 시작했고, 가장 괄목할 만한 상황은 잠을 깊이 잔다는 사실이다. 모든 것이 정상으로 돌아오기까지 일 년여가 걸렸다.

목사가 축도를 하고 있다. 예배가 끝난 것이다. 넋이 나가 엉뚱한 생각들에만 빠져있던 여자도 다른 사람들이 일어나는 것을 따라 일어났다.

그때 또 뒤에서 말소리가 들린다. 아마도 아까 하던 대화의 연속 인 것 같다.

"이 집사님, 나는 큰일 났어요. 한쪽 눈마저 멀어버리면 나는 장님

이 되는 거잖아요. 어떡해요? 돈도 없고 같이 가줄 사람도 없고….”

그때, 청량한 바람 한 줄기가 여자의 머리를 빨리 훑고 지나간다. 그 바람 한 줄기가, 레이저가 환부를 헤집으며 암을 찾아내듯이, 여자의 죄책감 한끝을 건드린다.

그래 그거야. 병이 났다고 해도 정신 이상이 된 것은 아니지 않는가? 이렇듯 게으름을 부리고 엄살을 피우고 있다니? 내가 개운치를 않고 계속 께름칙한 것은 ‘내가 내 할 일을 하지 않고 있기 때문인 것이야. 우선은 김 권사의 눈을 뜨게 해 주는 거야.’

여자는 급히 집으로 돌아와 김 권사에게 전화를 했다.

“김 권사님, 저 권 집사예요. 눈이 안 좋으시다구요?”

“이미, 내가 눈이 안 좋은 거 어떻게 아셨어요?

“아까, 내 뒤에서 하는 말 들었어요. 병원 내가 모시고 갈게요. 성모병원 안과가 제일 좋다고 하던데, 그 병원에 예약해 드릴게요. 어느 날이 좋을지 생각하셔서 전화 주세요.”

김자경은 쾌재를 부른다. ‘그러면 그렇지, 내가 잘 찍은 거야.’

예약된 날, 응암동 김 권사의 집으로 가서 그녀를 데리고 성모병원으로 갔다. 병원은 벌써 많은 사람들로 붐비고 있다. 긴 줄을 기다려서 1차 진료의뢰서와 진료 카드를 냈는데, 수납 직원이 김 권사에게 2차 진료의뢰서를 가져오라고 한다. 김 권사가 무주택 독거노인이라 의료비 혜택을 받을 수 있다고 말한다. 2차 병원을 찾아 나섰다. 다행히 근처에 2차 병원이 있어 서류를 받아서 왔으나, 오전 접수는 마감이라고 받아 주지 않는다. 사정하여 겨우 접수는 했으나, 주치의는 만나보지도 못하고 우선 검사부터 받으라고 한다. 겨우 검사를 다 하고 나니 마감 시간이다. 5일 후에 다시 오라고 한다.

두 번째 병원에 간 날, 담당의가 말했다.

"김자경 씨 상태가 매우 심각합니다. 백내장 수술 시기를 놓쳐서 녹내장으로 진전되고 있습니다. 지금 이 상태로는 수술을 해야 할지, 말아야 할지도 미지수입니다. 수술을 한다고 해도 성공 여부는 장담할 수가 없습니다. 수술 후 실명 할 수도 있다는 말입니다. 그렇다고 수술하지 않고 그대로 방치하면 그 또한 서서히 실명합니다. 다시 검사를 더 세밀하게 해 보고 결정하도록 하죠."

며칠 뒤 병원에서 전화가 왔다. 검사 결과가 나왔으니 환자와 함께 병원에 오라는 전화였다. 김자경에게 전화를 했다.

"김 권사님 댁이죠? 권사님 계신가요?"

"어머님 안 계신데요."

"누구세요?"

"김 권사님 며느린데요."

'독거노인이라고 하더니 웬 며느리!'

세 번째 병원에 간 날, 의사는 두 번 검사를 해 보았지만 결과는 동일하다고, 수술을 할지 말지는 본인이 알아서 결정하라고 말 한 뒤, 수술 후 만약 실명하더라도 병원은 어떤 책임도 없다는 동의서에 서명을 해야 수술에 들어갈 수 있다고 말한다.

네 번째 날, 수술하기 전날이다. 이날은 오후에 오라고 했다. 하룻밤 병원에서 쉬면서 영양제 수액을 주사한다고 한다. 몸 상태를 좋게 하기 위해서라고 했다.

칸막이도 없는 넓은 방, 좁은 통로 양편으로는 천제 침대 몇십 개가 줄을 지어 놓여 있고, 환자들이 그 침대에 누워 있다. 옆에는 보호자들이 몇 명씩 딸려있다. 오늘 밤 김 권사는 누가 돌볼 것인가?

"김 권사님, 오늘 밤은 혼자 계셔야겠어요. 아직 한쪽 눈은 보이니까 화장실 갈 때만 간호사를 부르세요. 내일은 간병인을 부르겠어요."

"나, 간병인 싫어요. 혼자 할 수 있어요. 나, 내 물건 누가 만지는 거 싫어요."

무주택 독거노인에게 무슨 남이 훔쳐 갈 귀중품이 있을 거라고? 물건이라고는 옷가지와 성경책 한 권이 탁자 위에 놓여 있을 뿐이다. 못 들은 척하고 간호사실로 가서 간병인을 부탁해 놓았다.

다섯 번째 병원 간 날, 수술하는 날이다. 김 권사의 이동 침대 뒤를 따라가면서 진심으로 기도드린다. "김 권사님의 눈이 환하게 보이게 해 주십시오"라고, 그리고 한 시간 이상을 수술실 앞에서 초조하게 기다리다가 그의 이동 침대 뒤를 따라 입원실로 돌아왔다. 간호사가 들어와서, "절대로 일어나면 안 되고, 엎드려도 안 되고, 옆으로 누워도 안 된다"고 주의 사항을 말해 주고 나갔는데도 서서성인다. 그리곤 자꾸만 매트리스 밑을 들추느라 용을 쓰고 있다.

"권사님, 일어나서 자꾸 엎드리면 눈알 빠진다고 한 말 못 들으셨어요? 올라가서 누우세요."

그러나 막무가내다. 계속 매트리스를 만지작대더니 저녁 식사라고 가지고 온 죽은 멀리 치워 버리고 햄버거를 사다 달라고 한다. 햄버거는 소화가 안 된다고 해도 안 사다 주면 자기가 갈 것이라고 해서, 하는 수 없이 햄버거를 사 가지고 들어오던 여자는 기절을 할 뻔했다. 엎드린 채 매트리스를 들어 올리고 팔을 그 밑에 집어넣어 휘젓고 있다.

"권사님! 뭐 하시는 거예요, 큰일 나요. 얼른 누우세요."

김 권사는 악을 쓰는 여자의 소리에 놀라 침대 위로 올라간다. 그리고 기가 죽은 목소리로 매트리스 밑에 있는 팬티를 꺼내 달라고 한다. 팬티는 왜 그 밑에 넣어 놓았느냐고 물으니 수술실 갈 때 속옷까지 전부 벗고 오라고 해서 그랬단다. 매트리스 밑을 아무리 휘저어도 아무것도 잡히지를 않는다. 그동안을 못 견디고,

"없어요? 왜 못 찾고 그래요. 팔을 안쪽으로 깊이 넣어 보세요."

팔을 깊숙이 집어넣고 휘휘 휘둘러본다. 무엇인가 손끝에 걸린다. 겨우 물체를 손에 쥐려고 하는데 촉감이 팬티가 아니라 뭉텅이다. 순간 섬뜩한 생각에 잠시 머뭇거리는 순간을 못 참고 또 성화를 댄다. 빼내려던 손을 다시 집어넣어 뭉텅이를 손아귀에 쥐어본다. A4용지를 세 절로 접은 넓이에 두께는 1cm쯤 되는 물체다. 재빨리 끌어내어 김자경의 무릎 위에 놓아주었다. 팬티는 팬티였다. 팬티에는 서류 같은 것이 싸져 있었다.

"권사님 이게 뭐예요?"
"집문서예요."

맙소사, 무주택이라더니 집도 있고, 독거노인이라더니 아들 손녀 며느리 다 있고, 요지경 속이다. 하기야 상생할 인간들이 살생을 저지르고 있으니, 어떡하던 나 살 궁리는 내가 해야 할 거 아닌가? 현명한 것이다. 그런데 이 노인은 왜 집문서를 몸에 지니고 다닐까? 누가 못 미더워서 이런 일을 저지르는 걸까? 노인들이 죽은 후 이부자리를 걷어내고 보면 자리 밑에 돈봉투가 수두룩하다는 말을 들은 기억이 난다. 자식들이나 친지들이 주고 간 돈을 여기저기 끼워놓고, 나누어주지도 않고 쓰지도 못하고 죽는 것이다. 생명이 다하는 그날까지 물욕은 다스려지지 않는 것 같다. 김자경도 자신이 깔고 누워 있는 매트리스 밑이 가장 안전지대라고 생각하고 전 재산을 그 밑에 끼워놓은 모양이다.

여섯 번째 병원 간 날, 안대를 열어 보는 날이다. 두근거리는 가슴을 진정하고 진료실로 들어갔다. 의사도 긴장되는지 심호흡을 하고 나서 김자경에게 안대를 벗어 보라고 한다.

"김자경 씨 어떠십니까? 보이시나요?"

김자경은 안대를 벗고 한참을 두리번거리더니 이야기한다.

"선생님 다 환하게 보여요. 세상이 모두 파란 빛깔로 채워진 것 같아요. 이 빛은 희망, 생명, 이런 단어들을 품고 있는 거 같네요. 새로운 생의 의욕이 솟구칩니다. 선생님 감사합니다."

진료실을 나온 김자경은 흥분을 감추지 못하고 계속 여자에게 머리를 깊숙이 숙여 절을 하며 많은 말을 쏟아내고 있다.

"나의 안구 신경이 지시하는 대로의 세상은 혼탁하기만 해서 모든 사물이 뿌옇게만 보였고, 따라서 내 인생 자체도 희망이란 아무것도 없었는데, 게다가 장님이 될 뻔도 했는데, 이런 광명 세계를 경험하게 해 주다니, 권 집사님, 당신은 저의 천사예요. 너무 고맙고, 너무 감사해요. 나는 정말 행복해요."

김지경은 진심의 눈물을 흘린다. 그녀의 눈물을 보면서 여자는 그녀의 눈이 환하게 보이게 된 것같이 자신의 영혼의 혼탁함도 모두 긁어냈으면 좋겠다는 생각을 해 본다. 김자경 눈알의 수정체에 끼인 백태인지, 자신의 영혼에 끼인 혼탁함인지, 메스로 사각사각 긁어내는 소리가 들린다. 잠시 여자도 김자경의 행복에 전염된 듯 편안한 마음이 된다.

김자경을 응암동, 그녀의 집에 데려다주고 돌아오는 발걸음은 가볍다. 처음 김 권사를 돕기로 결심했을 때, 백내장 수술이 20분

수술하고 3~4시간 휴식을 취하고 집으로 돌아가면 되는 것으로 알았기 때문에 쉽게 생각했었다. 그러나 26일이란 긴 시간에 여섯 번이나 병원에 가야 했고, 응암동과 병원을 매번 왕복해야 했고, 매일 점심 사 먹이고, 병원비 지불해 주고, 쉬운 일은 아니었다. 그러나 여자는 해냈다.

여자는 자신에게 "권혜영, 너 잘한 거야. 훌륭해. 파이팅!" 소리 내어 말하고 나니 기분이 확 풀린다. 이래서 모두들, 그 더운 아프리카에서 죽을힘을 다해서 봉사하고, 또는 김밥 장사해서 몇십 년 모은 전 재산을 기부하기도 하나 보다.

돈은 처음, 타고 날 때부터 내게 몫 지어진 돈만이 내 돈인 것이다. 태어날 때 모든 사람은 자신의 그릇을 가지고 태어난다. 종지만 한 재복을 타고난 사람일지라도 항상 그 종지가 찰랑찰랑 가득하게 물이 넘치고, 일용하기에 부족하지 않으면 행복한 것이다. 그러나 허욕을 부려 그 종지에 물을 더 담으려고 큰 양동이로 물을 쏟아붓는 다면 종지에 물도 다 거꾸로 넘쳐서 한 방울도 남지 않을 것이며, 종지까지도 깨어질지 모른다. 종지가 깨지면서 사람까지도 다칠지 모른다.

여자는 이제 김자경의 일을 시작으로 또 공원 복지에 힘쓰리라 다짐하고 집을 향해 차를 몬다. 한 달여 어머니 집 앞을 지나면서도 어머니 집을 들르지 못했다. 사람들의 일상에 조그마한 일이 끼어들어도 짬이 나질 않는데, 그 큰일을 해냈으니… 어머니 집에 다다르니 그때야 미안한 마음에 초인종을 급하게 눌러댄다.

"누구세요? 잠시만요."

"엄마, 저 왔어요."

"아이구, 네가 웬일이냐? 얼굴 잊어버릴 뻔했다. 어서 와라. 어서 와. 밥 먹었니?"

웬, 이 시간에 밥이라니! 혈육은 만나기만 하면 밥 타령이다. 피가 되고 살이 되는 밥이 곧 피이고, 피가 당겨서 그러는 것을 그 누구라 탓할 것인가? 김자경과 점심으로 고기를 먹어 아직 배가 부르다. 그래도 여자는 어리광을 섞어 말한다.

"엄마, 안 먹었어요. 나, 배곯아요. 엄마 청국장하고 밥 주세요."

_ 현대문학 신인 추천 작품문집 응모작

아니야!
안 돼, 안 돼

　　남편이 출근하고 한 시간쯤 지났을까? 전화벨이 울렸다. 남편의 친구인데 지금 그 사람이 병원에 있으니 가보라는 것이었다. 어리둥절해하는 내게 친구가 말했다.

　　"수첩에 있는 내 전화번호를 보고 전화한 것 같은데 교통사고라고 합니다."
　　"네? 교통사고요?"

　　놀라는 내게 친구는,

　　"시내에서의 사곤데 큰일이야 있겠습니까? 그럼."

친구는 전화를 끊었고, 친구의 말대로 무슨 큰일이야 났을라고 안이하게 생각하며 응급실로 들어섰다. 빠른 시선으로 남편을 살펴보았다. 아무 곳에도 상처 하나 없이 편안하게 누워 있다. 그러면 그렇지! 무슨 큰일이 있을라고. 그런데 저 혈관마다 꽂아 놓은 링거줄은 다 무엇이지? 또 저 많은 의사는 왜 빙 둘러서서 심각한 얼굴들을 하고, 인공호흡기의 게이지를 바라보고 있는지? 나도 그들의 시선을 따라 인공호흡기를 바라보았다. 게이지의 선들은 위, 아래로 올랐다 내렸다 미친 듯이 춤을 춘다. 의사들은 교대로 가슴에 손을 얹고, 힘껏 눌렀다 떼었다를 반복하며 심폐소생술을 한다. 의사들은 최선을 다한다. 그러나 게이지의 초록색 선들은 위로도 아래로도 움직이지 않고 일직선을 죽― 긋고 제로 콤마. 이제 그 선은 저세상과 이 세상을 갈라놓는 듯 싸늘하기만 하다.

싸한 바람이 가슴을 훑어 구멍이 뻥 뚫린 듯하다. 머릿속이 하얗게 비어버린다. 전신에 힘이 쏙 빠진다. 다리에 힘이 빠져 서 있을 수가 없다. 무너져 내려앉아 숨을 헐떡인다. 숨을 쉴 수가 없다. 이 엄청난 일이 내 일이란 말인가? 아니야, 아니야. 그건 아니야. 절대 아니야. 그의 처음 이전에 그를 계획하셨던 이의 창조 목적이 겨우 이것이었단 말인가? 아니야, 안 돼, 안 돼. 그건 아니야, 절대로 그건 아니야.

"저희는 육체뿐이라, 가고 다시 오지 못하는 바람과 같도다"라고 한 다윗의 말과 같이 한 번 가면 다시 오지 못하는 인생, 이생에서 그가 아직도 할 일이 얼마나 많은데… 그를 데려가시면 나는 어쩌란 말입니까? 이건 정말 잘 못 된 일인 거야.

'하나님! 죽은 사람도 살리신 하나님이신데, 어떻게 이럴 수가, 절대로 아니다. 하나님의 사랑하는 딸인 내가 이렇게 간청하는데 설마 하나님께서 들어주시지 않을 리가 없지' 확신을 가지고 계속 기도하고 간청해 본다.

그러나 머리 위부터 발끝까지 하얀 시트를 덮은 남편은 영안실이라는 곳으로 끌려가 버리고 말았다. 조그마한 흠집 한 군데도 없이, 괴로운 표정도 전혀 없이 그냥 자는 듯이 편안한 모습으로 그냥 그렇게 가 버리고 말았다.

남편 출근 시간이 어느 학교 졸업식 시간과 맞물려, 졸업식 시간에 늦은 사람이 급하게 운전을 하다가 사고를 낸 것이라고 들었다. 차는 급정거를 했고, 남편은 앞으로 쏠려 가슴을 찧어 갈비뼈가 부러지고… 아! 끔찍해서 더 이상 말하고 싶지 않다.

나는 죽지도 않은 사람을 냉동실에 넣어서 꼭 얼어 죽을 것만 같이 다시 데려오라고 계속 악을 쓴다. 아들은 몇 번이고 나의 말대로 갔다 왔다를 되풀이한다. 그러나 그는 다시는 나오지 않았다.

출근한다고 나간 사람이 죽어 버렸다니, 정말 말도 안 되는 소리다. 참으로 순식간의 일이었다.

인간의 감정이란 섬세하고 예민하여 어떠한 표현이라도 다 할 수 있는 것으로 생각했었는데, 그래서 그렇듯 아름다운 예술 세계를 그려 낼 수 있는 줄 알았는데, 어떤 극한 상황에서는 그 감정이 작동을 멈추어 버리는가 보다. 슬프다거나 절망스럽다든가 하는 낱말들은 한낱 사치스러운 형용사일 뿐이다. 다만 그때 내게 억지로라도 표현해 보라고 한다면 '아니야 안 돼, 안 돼' 이 두 마디뿐이었다. 그리고 다 귀찮다. 자신하고는 상관도 없는 교통사고, 죽음, 영안실, 이런 낱말들이 수없이 오가는 이곳에는 더 있고 싶지 않을 뿐이다. 그만 집으로 가고 싶을 뿐이다. 집은 사랑하는 남편, 아이들, 안식, 이런 것들이 있는 곳이라는 잠재의식 때문인지 집으로 가고만 싶을 뿐이다.

하지만 입고 간 빨간 티셔츠가 벗겨지고 죄수도 아닌데 죄수들의 수의 같은 상복으로 갈아입혀지고, 원치도 않은 그곳에 앉혀지고, 참으로 한 순간의 일이었다.

나는 그때부터 골똘히 생각하고 또 생각해 본다. 자신이 무슨 죄를 지었기에 이렇듯 큰 고통을 하나님은 자신에게 주시는가를, 그러나 쉽게 해답이 나오지 않는다. 온 가족이 열심히 성수주일도 했고, 교회 봉사도 열심히 했고, 십일조도 꼭 바쳤고, 십계명도 나름 지켰고….

그런데 그때 머리를 꽝 하고 치는 소리가 들렸다. '넌 계명도 지켰다고 했는데 네 부모를 공경하라는 제5계명은? 넌 네 어머니에게 어떻게 했나를 생각해 봐!' 엄마에게? 아! 그래, 여자를 얻어 이중생활을 하는 아버지 편에 서서 어머니의 속을 무던히도 썩게 했고, 나중에는 그 어머니와 사이가 더욱 안 좋아져서 집을 나간 일이 있었지…. 그때 어머니가 얼마나 속을 끓이셨을까? 혼기에 찬 딸의 가출이라니!

나는 숙식이 해결되는 어느 고아원에 교사로 일단은 취직을 했었고, 원장의 지나친 친절과 관심이 원장 사모의 질투심을 유발해 사모의 고발로 나는 집으로 무사히 돌아왔었다.

그러나 집으로 돌아왔다고 내 죄과가 없어지는 것은 아니다. 며칠 동안의 어머니의 고통이 하늘에 전달되었으면 나는 하나님의 심판을 받아 마땅하다. "네 부모를 공경하라"는 제5계명을 어겼으니, 그러나 아무리 생각해도 그 이상은 아무 죄도 짓지 않은 것 같은데, 아! 아무리 그렇다고 자신에게 왜 이러시는지 해답이 나오지 않는다. 아무 생각도 할 수가 없고 다만 남편과 자신이 손을 잡고 어딘가를 가기로 약속하고 길을 떠났는데 어디쯤에서인지 남편은 내 손을 슬그머니 놓고 없어져 버린 것만 같았다.

나는 흰 눈으로 뒤덮인 공동묘지 산기슭을 누군가에게 의지하여 기어오르다가 땅에 주저앉고 말았다. 그리고 누군지도 모를 대상에게 절규했다. 이건 너무 한 것 아니냐고, 이렇게까지 할 건 없지 않느냐고…. 눈 덮인 땅을 두 주먹으로 꽝꽝 내리치며 울부짖었다. 자신이 살아온 짧지 않은 세월들이 잠깐처럼 느껴지기도 했다가, 또 긴긴 영원의 영겁처럼 느껴지기도 했다. 앞으로 자신이 살아낼 세월 앞에 숨겨진 불행의 함정이 어딘가에 또 도사리고 있다면 이생을 더 살아내고 싶지 않다고 절규했다.

사랑하는 이를 이름 모를 이들의 곁에 누이고, 공동 같은 집으로 돌아오니 어디선가 똑똑 소리를 내며 물이 샌다. 화장실로 가 잠그려고 비튼다. 잘되지 않는다. 아이 모르겠다. 나중에 아빠 오시면 고치라고 해야지 하고 허리를 펴고 일어서는 순간 아! 이제 아빠는 돌아오지 않는다. 영원히 돌아오지 않는다. 이제 모든 것은 혼자 스스로 해 나가야 한다. 행복했던 그날들은 다시 돌아오지 않을 것이다. 방으로 돌아와 쭈그리고 앉은 채 어둠이 짙게 깔릴 때까지 꼼짝도 않고 앉아 깊은 생각에 빠진다.

나의 존재의 근원이 어디로부터 출발하여 이 세상에 오게 되었는지? 또 누구의 계획한 섭리로 이 세상을 살다가 누구의 주재로 저세상으로 가게 되는 것인지?

인간의 주재자라고 생각했던 신이란 정말 있는 존재일까? 있다면 그렇도록 신을 숭배하고 뜻대로 살기를 노력했던 나에게 이런 혹독한 시련은 주지 않았을 것이라고 생각하니 불쌍하고 가련한 나의 영혼, 이제까지의 나의 삶이 참으로 허무하고 허무했다.

사람의 일생을 대체적으로 4단계쯤으로 나누어 본다면, 1단계는 요람에서 25세까지로 부모에게서 양육 받고, 교육받고, 2단계는 25세에서 45세까지인데 직장을 가지며, 결혼하고 자녀를 낳아 키우고, 3단계는 45세에서 65세까지인데 자녀를 훌륭히 교육시켜 짝을 잘 찾아 주고, 자신들의 노후를 대비하고, 4단계는 65세에서 죽음까지인데 자신들이 키운 아이들에게서 위로받고, 평생 몸 바쳐 일해 온 직장에서 보상받는 것쯤으로 나눈다면, 이렇게 4단계로 나누어진 일생을 3단계 말쯤 왔다고 생각되는 이 중요한 시기, '자녀를 훌륭히 공부시켜 짝을 잘 찾아 주는' 일이 남은, 이 중요한 시기에 남편은 슬그머니 가 버린 것이다. 일생에서 가장 중요하다고 생각되는 이 시기에 그는 말 한마디 없이 그야말로 몇 시간 만에 훌쩍 가 버린 것이다. 둘이 함께 4단계까지 다 가서 일생을 마쳤다면 행복했던 노인들이라고 말들 하겠지만 이제 이쯤에서 나는 방향 전환을 해야 한다. '자녀의 교육을 훌륭히 끝 마쳐 주고, 짝을 잘 찾아 주는 일'이 내게 남아 있는 것이다.

　나는 엉겁결에 떠밀려 남편이 경영하던 기업체에 대표가 되었다. 이제까지 사회활동이라고는 한 번도 해 보지 않았던 자신이 기업을 어떻게 이끌어가란 말인가 말도 안 된다고 떼를 썼지만, 형제들은 합심하여 내 등을 떠밀었다.

"전문 경영인에게 맡기면 백 원을 벌고, 누나가 직접 하면 오십 원 밖에 못 번다고 해도, 나중 일을 생각해서 하도록 하세요. 하다 보면 지혜가 생길 거예요. 우선은 치료라고 생각하고 하세요. 기반도 꽉 잡힌 회사니까 잘될 거예요. 또 내가 힘닿는 데까지 도울게요. 대표가 자리를 비운 지가 벌써 일주일째예요. 또 곧 구정 연휴예요 삼우도 지났으니, 오늘은 출근을 해야 합니다."

형제들에게 등 떠밀려 첫 출근을 했다. 남편 회사에 몇 번 가보기는 했어도 현장에는 들어가 보지 않았었다. 공장 안으로 들어선 나는 엄청난 크기의 기계들에 놀라 어안이 벙벙했다. 플라스틱을 성형해서 사출해 내는 집채만 한 크기의 사출기들, 철판을 원하는 모양대로 잘라내는 프레스 기계들, 찍어낸 플라스틱에 윤기를 내는 후끼 시설, 철판에 반짝반짝하게 광을 내는 메끼 시설들, 기계가 내는 엄청난 소리들에 놀라 어리벙벙한데, 공원들은 각자의 기계 앞에 서서 열심히 일하고 있고, 완성된 제품들을 컨테이너에 싣느라고 소란스럽다. 이들은 사람이 죽어 없어졌는데도 아무 일도 없었다는 듯이 일을 계속하고 있다. 배신감 같은 싸한 바람이 가슴에 인다.

대충 인사 소개를 마친 후 여직원의 안내로 사장실로 들어갔다. 직원은 의자를 뒤에서 빼 주며 앉기를 기다린다. 그리고 책상 앞으로 와서 공손히 인사를 하며 자신은 사장님의 비서직을 맡고 있는 미스 권이라고 자기소개를 하고 차 한 잔을 책상 위에 놓고 나갔다.

　미스 권이 나가고 곧이어 남자 직원이 파일을 옆구리에 끼고 들어와 인사를 한 후에 자신은 경리 부장인데 무역금융을 열어야 하니 결재해 달라고 한다. '무역금융? 무역회사도 아닌데 무슨 무역금융?' 무슨 말인지조차 이해가 안 가 한참을 생각한다. 공연히 아무것도 모르고, 아무 곳에나 도장을 찍어 주었다가는 큰일 나는 것은 아닐까?

　아이들이 어렸을 때를 생각해 본다. 학년이 높아 갈수록 아리송한 문제들을 물을 때가 가끔 있었다. 모른다고 하면 엄마 체면이 말이 아닐 것 같고, 그렇다고 대충 가르친다면 틀린 답을 영원히 머릿속에 기억해 둘 것이다. 그것은 더욱 큰 일이라고 생각되어 나는 꾀를 내어서 말했다. "그래, 엄마하고 같이 풀어보자." 문제를 풀어 가면, 문제는 저절로 풀렸다. 안도의 숨을, 내쉬기를 몇 번 그러나 차츰 아이들은 엄마가 모른다는 것을 이미 눈치채고, 묻기를 끝냈다. 그때 일을 떠 올리고 솔직하게 말하기로 생각하고, 앞에 선 사람의 명찰을 보니 박 씨다.

　"박 부장님, 제가 이런 일은 처음이라 잘 몰라요, 상식적으로 아는 것과 실무적인 것은 많이 틀릴 것 같으니, 내게 자세히 설명해 주세요."

"네 알겠습니다. 저희 회사는 원재료를 수입해서 쓰고 있는데, 수입을 하려면 먼저 거래 은행에 원재료 대금을 예치해 놓고, 신용장을 개설해야 합니다. 그 대금을 오늘 결재해 주셔야 합니다."

박 부장의 말을 다 이해한 것은 아니지만 대충 넘기고, 결재 금액이 얼마인가 만을 기억에 꼭 챙기고, 박 부장은 나갔다.

하루 종일 이사, 영업부장, 생산부장, 공장장, 다 헤아리지도 못할 사람들이 들어왔다 나갔다 하고 하루해가 다 갔다.

퇴근하려고 출입문을 향해 걸어 나가는데 누군가 문 앞에 서 있다. 퇴근 시간인데 누가 또 오는가? 머리가 희끗한 초라한 노인이 다가온다. 어깨는 처져 있고, 걸음걸이에는 힘이 하나도 없다. 앞으로 차츰 다가온다. 나는 너무 놀라 그 자리에 우뚝 멈춰 선다. 출입문 앞에 걸린 거울에 내가 마주 서 있는 것이었다. 나는 마리 앙투아네트가 하룻밤 사이에 백발이 되었다는 이야기가 퍼뜩 머리에 떠올랐다. '어쩜, 저 모습이 내 꼴이란 말인가?'

엘리베이터를 내려 집을 향해 걸어가는데 문 앞에 상자 두 개가 놓인 것이 보였다. 사장님이 세상 뜬 것을 모르는 사람의 구정 선물인가? 현관으로 끌어 들여놓고, 옷도 벗지 못하고 저녁도 굶은 채 침대에 엎드러졌다. 자다 깨다를 반복하다 아침 늦은 시간에 일어났다. 정말 꼼짝도 못 하겠다. 회사에 가지 말까? 그러나 겨우 회사

나간 지, 이틀째인 데다 오늘은 구정 연휴 종무식이란다. 준비를 마치고 현관으로 갔다. 현관 바닥이 질척하다. 또 어디서 물이 샌 걸까? 이리저리 살펴본다. 어제 받아서 현관에 그대로 둔 상자에서 물이 새어 나오고 있다. 출근 시간도 늦은 데다 곧 도우미가 출근할 시간이라 그대로 두고 나갔다.

회사는 구정 연휴 준비로 안팎이 소란하다. 공원들은 고향으로 갈 생각에 희색이 만면하여 몸들을 날렵하게 움직이고, 직원들은 아직 처리 못 한 일들을 하느라 바쁘다. 점심 식사 후, 종무식을 끝내고, 공원들은 커다란 쇼핑백과 상자들을 지고, 메고, 들고, 꽁지가 빠지게 흩어져 나간다. 누구, 누구를 생각하고 샀을 선물들이 몸뚱이가 보이지 않을 만큼 커다랗다. 그들은 다 행복해 보인다. 나도 그들의 뒤를 따라 퇴근했다.

집으로 들어서자 도우미가,

"사모님 퇴근하셨네요. 근데 현관에 있던 상자 안 열어 보셨지요. 아이고, 어떤 몰상식한 인간이 냉동고기를 선물로 보냈네요. 아무리 씻고, 씻고, 또 씻어도 상한 냄새가 가시질 않아요. 저번 날 장 보라고 주신 돈으로 설 쇨 장을 이미 다 보아서, 냉장고에는 더 드려 놓을 자리도 없고, 장조림이나 짜게 해서 밖에 내놓을까도 생각해 보았지만, 그것도 안 될 것 같고, 아무래도 버려야 할 것 같아요. 누가 추석에 받은 선물을 냉동고에 처넣어 놓았다가 설에 선물이 또 들어오니까, 그 냉동고에 들어 있던 걸 꺼내서 보냈나 봐요. 그것도 꺼낸 지 한참 된 것을 보냈나 봐요. 버려 버릴게요."

그녀는 고기를 비닐에 싸서 쓰레기통으로 간다. 그녀는 주방으로 들어가 쓰레기통을 마주 바라보고 있는 주방 창문을 열었다. 그녀가 쓰레기통 투입구를 열고, 낑낑대며 그 큰 덩어리를 쑤셔 넣는 모양을 지켜보고 있다. 그리고 14층에서 아래로 떨어지는 그 소리가 육중하게 '쿵' 하고 들릴 때, 자신의 자존감도 '쿵'하고 떨어짐을 전신으로 느끼고, 자신의 작아진 모습을 도우미에게 보이고 싶지 않아 방으로 들어가 버렸다.

나는 일과를 마치고 집으로 돌아오는 즉시, 눈물 행사 의례로 그날을 마감한다. 남편이 간 것이 슬퍼서? 혼자 살아낼 일이 걱정되어서? 아니면 그리워서? 그도 아니면 미망인이라는 호칭이 자존심이 상해서 우는 걸까? 울고 있으면 돌아올까? 그러면 일생을 울고 있을 것인데….

그런데 장례식에 온 문상객 중 어느 분이 "평균 수명은 살다 갔구먼, 뭘 그리 애통해할 것도 없는 일이지. 며느리, 손자 다 보고 갔으니 복 받은 사람이지. 인간은 누구나 언젠가는 다 가는 것을"이라고 한 말이 문득 생각났다. 그 말이 큰 위로가 되어 일주일쯤 지난 후부터는 눈물을 거두었다. 더구나 내일 모래가 구정인데 십 남매의 맏며느리인 자신은 차례도 지내야 하고, 손님맞이 준비도 해야 하는데, 울고만 있을 수는 없는 일이다. 남편이 없다고 그 일을 포기할 수는 없는 일이다. 나의 장남이 그 가문의 장손이기 때문에 그 대를 잘 이어가게 해야 하는 것이 나의 의무라고 생각했다.

남편은 2남 8녀, 십 남매다. 남편은 그중 여섯 번째로 장남이고, 바로 밑이 남동생이다. 사람들은 내 부모들에게 어쩌다가 딸을 시누이가 여덟인 집으로 시집보냈느냐고 한다. 정말 어쩌다가 그리됐을까?

시댁은 이조 조에, 임금의 스승을 두 대에 걸쳐 한 집안으로 양반 중의 양반이라고 했다. 시아버지는 훌륭한 교육자시다. 신랑은 공대를 나와 국영기업체에 다니니 평생 밥은 굶기지 않을 것이라고 시집을 보냈다는데, 5.16 군사 혁명으로 군 미필자인 신랑은 해고를 당해 평생은커녕 결혼 이년 반 만에 밥을 굶게 생겨 공대고, 국영기업체고 다 무효가 되어 버리고 말았다. 시댁은 조선에서 두 번째 가라면 서러울 양반댁인데, 맏아들 장가보내고 사글셋방 한 칸도 얻어주지 못한, 가난하고 가난한 집이다. 훌륭한 교육자이신 시아버지는 내가 결혼해서 가보니, 재혼한 지 일 년쯤 됐는데, 여덟 번째 딸이 백일 전이고, 시아버지는 20년 연하의 부인과 갓난쟁이 딸에게 온 심혈을 기울이느라 아들이고 며느리고 손자고 안중에도 없다. 그런 시아버지라 화초 부인은 집에 모셔 놓고, 명절 차례와 기제사, 자신의 생일까지 모든 행사를 장남의 집에서 한다.

아침에는 시동생네, 다섯 식구와 우리 식구 다섯과 열 명이 차례를 모신다. 그 후 점심때쯤 시아버지가 오고, 서울에 사는 친척들과 딸들이 줄줄이 아이들을 데리고 세배를 온다. 그 많은 식구가 아침에 온 사람들까지 모두 함께 점심을 먹고 놀다 가고 나면, 저녁에는 회사 직원들이 세배를 온다. 다녀간 사람들을 세어보면 백 명도 넘는다. 모든 행사를 마치고 밤에, 자리에 누우면 사지 육신을 묶어 놓고, 사방에서 끌어 잡아당기는 것 같이 아프다. 그래도 30년 동안 그 일을 열심히 해냈는데, 남편이 죽고 없다고 그 일을 안 할 수는 없다.

지금도 그 모든 일을 맏며느리에게만 맡기는 시아버지의 멘탈은 교육자시라 그럴까?

구정 연휴가 지난 며칠 후, 시동생이 회사로 찾아왔다. 그는 꽤 큰 돈뭉치를 내놓으면서 "이번, 형님 초상 때, 부의금하고, 교통사고 보험금인데, 은행에 잘 예금 해 놓으라"고 했다. 대기업 사장인 시동생은 어떻게 명까지 길게 태어났을까? 경이의 눈빛으로 시동생을 바라본다.

나는 은행에 거의 가본 일이 없다. 월급봉투를 받으면 뜯어보지도 않고 아내에게 주던 남편이었다. 그것으로 한 달, 넉넉히 살던 때어서 은행에 갈 일이 없었다. 남편이 잘 벌고 있으니 아껴서 예금을 따로 할 일도 없었다.

시동생이 준 돈을 들고 은행에 갔다. 어디로 가야 할지, 막막해서 문 앞에서 서성인다. 직원이 앞으로 와서 어떻게 왔느냐고 묻는다. 예금을 하려고 한다니까 창구로 안내해 주었다. 내가 내놓은 많은 돈을 보고 깜짝 놀라던 직원이 내 머리에 꼬친 흰 리본을 한동안 바라보더니 말했다.

"실례지만 상을 당하신 것 같은데 부모님 상입니까?"

나는 망설이다 말했다.

"남편이 교통사고로…. 보상금이에요."

직원은 한동안 무슨 생각인지에 잠겨 있더니 말했다.

"이 돈을 예금하시면 금리가 얼마 안 돼요. 지금이 마침, 상장을 하지 못한 많은 회사들이 상장을 하느라, 은행 고액 예금자들을 주주로 끌어들이고 있는 중이예요. 이 돈이면 두 회사 주주는 되실 것 같은데요. 상장이 끝나고 한 달쯤 후에는 배당받은 주식이 배씩 올라 있어요.

은행이 책임지는 것이라 안심하고 하실 수 있으니까 한번 해 보세요. 지금이 마침 좋은 기회입니다."

나는 직원을 믿고 그의 말대로 했다. 한 달 후에 정말 두 배의 돈이 나왔다. 두 배의 돈을 가지고 또 네 회사의 주식을 샀다. 한 달 후에 여덟 배가 되었다. 그리고 열여섯 배, 신나게 돈이 불어났다. 이런 식으로 돈이 계속 불어난다면 큰 부자가 될 것인데, 그것도 어느 시기가 되니까 끝나버렸다. 1980년대, 상장을 못하고 미루었던 많은 회사들의 상장이 거의 끝난 것이다.

사람이 일생을 살아내는 동안, 예기치 못한 일들이 일어난다는 것을 또 한 번 실감하게 된 계기였다. 남편이 가고 얼마 동안은 하나님에 대한 원망으로 기도에도 소원했던 나는 다시 하나님께 감사 기도를 드렸다.

"빛 진자처럼 더욱 풍성히 주시는 좋으신 하나님, 많은 물질 주신 것 감사드립니다. 그리고 죄송했습니다. 사람은 다 제 명대로 살다 가는 것을, 하나님이 그를 데려가셨다고 하나님을 원망했었습니다. 그 후, 제 믿음이 소원했던 점 하나님께 고백합니다. 그런데 이 사악한 인간은 또 많은 물질을 주셨다고 감사 기도를 드리고 있습니다. 그러한 죄인이 당신을 내 안에 어찌 다시 모실 수 있겠습니까? 그러나 주님 내 안에 계시옵소서. 이렇듯 얕은 신앙을 가지고 하나님의 사랑만을 갈구하는 이 사악한 인간을 용서해 주시옵소서. 우상을 섬겼다고 벌 내리신 이스라엘 백성을 다시 사랑하셔서 포로 되었던 바벨론에서 풀어주신 하나님! 다시 그들을 품어 주심 같이 이 죄인 이렇듯 많은 축복 내려주신 것 감사 감사드립니다."

회사도 아무 문제 없이 잘 되고, 돈도 잘 불어나고, 아이들도 원상으로 회복되고, 나 자신도 평정을 찾고, 십여 년이 흘러갔다.

1997년도 IMF, 신문과 방송에서 연일 '한국 IMF 외환위기'에 대해 대서특필하고 있다. 제품의 90%가 수출 물량이고, 원재료는 모두 수입품이다. 세계 금융 대란으로 수출이 막히니 본사가 제대로 돌아갈 리가 없고, 따라서 자연 수주가 없다.

우리 공장은 대기업에 TV, 오디오, 라디오 등의 케이스를 사출하여 납품하는 대기업 외주 가공 업체이다. 동종 업체가 13개사인데, 13개 회사가 24시간, 밤낮없이 찍어내도 납기를 맞추지 못해 허둥대던 호경기였다.

IMF로 수출이 안 되니 일거리가 없고, 일을 안 했으니 납품을 못 하고, 납품을 못 했으니 수금할 수 없고, 받은 어음이 부도가 나고 지급어음 만기가 돌아오고, 나는 아무 정신도 없고 어떻게 해야 할지 까마득했다. 아침에 출근하면 어떤 회사가 부도가 났다는 말과 생산할 물량이 없으니 몇 호기 가동을 중지해야겠다는 말과 받은 어음이 부도가 났으니, 그 대금을 대납해야 한다는 말과 지급 어음을 막아야 한다는 말 밖에는 할 말도, 들을 말도 없었다. 사지 육신이 오그라들 것 같이 초조하고 불안하다.

'이러다가 부도가 난다면? 아! 안돼, 안돼.'

나는 다급한 마음에 또 하나님을 불렀다.

"하나님, 이 죄인 용서해 주시옵소서. 많은 돈을 주시고, 공장도 잘 되게 해 주신 하나님, 저는 그 돈을 나와 내 자식들만을 위해서 썼습니다. 하나님과 수직적인 사랑만을 해 온 저는 입만 열면 항상 '주시옵소서. 주시옵소서'만 했습니다. 수직과 수평적인 사랑, 즉 '하나님을 사랑하고 이웃을 네 몸과 같이 사랑하라'는 말씀은 저 깊은 곳에 숨겨두고, 꺼내 볼 생각도 안 했습니다. 예수를 믿고 따른다는 사람이 어찌 '십자가의 도'를 잊을 수가 있었을까요? 성수주일 열심히 했고, 십일조 잘 바쳤고, 교회 봉사도 잘했고, 십계명도 나름 잘 지켰고, 그만했으면 잘 믿는다고 자부심을 가졌었습니다. 그러나 '하나님을 사랑하고 이웃을 네 몸과 같이 사랑하라'는 '십자가의 도'를 실행치 않았습니다. 하나님, 용서해 주시옵소서. 이제 앞으로는 정말 '수평과 수직의 사랑'을 실천하겠습니다. 하나님, 이 위기를 어떻게 넘겨야 할지, 저는 아무것도 모르겠습니다. 아! 하나님 도와주시옵소서."

숨넘어갈 듯, 심각한 얼마의 시간이 지난 어느 아침, 그런데 오늘은 영업부장이 희색이 만면하여 말했다. 신흥 정공이 부도가 나서 그 회사에서 하던 물량을 우리 회사에 다 맡겼다고 한다. 세계 금융 대란으로 수출은 거의 줄었어도 내수와 또 어느 정도의 수출은 있었으니, 물량이 올 스톱한 것은 아니다. 자금력이 약한 회사가 하나씩 둘씩 도산하게 되니, 조금씩의 물량이지만 그 회사들의 일을 우리 회사가 다 맡게 된 것이다. 그들 회사에는 미안한 일이지만 IMF 때, 오히려 평소보다 더 많은 수익을 냈고, 회사는 완전 제 궤도에 올랐다.

나는 모처럼 현장에 내려가 보았다. 나는 현장에 잘 내려가지 않는다. 외부인이 공장 내로 들어서면, 공원들의 열중하던 시선들이 분산되어 돌아가는 기계에 차질이 생기고, 그러면 공원들의 손이 기계에 말려 들어가 다치기 쉽다. 그래서도 잘 내려가 보지 않고, 또 시끄러운 소리에 정신이 없어서이기도 하다.

공장 안으로 들어섰다. 그런데 기계 앞에서 한 아이가 몸을 버둥거리며 사지를 틀고 있다. 너무 놀라 그 자리에 우뚝 서서 사방을 둘러본다. 그때 그 옆을 무심히 지나가는 공장장을 보고 소리를 질렀다.

　"공장장님, 이 아이 안 보여요. 왜 그냥 지나가요. 얼른 119 불러
요."
　"아! 사장님, 내려오셨습니까? 아, 성휴, 괜찮아요. 조금 있으면 일
어나요."
　"아니, 그게 무슨 소리예요. 아이가 아픈데."
　"네, 성휴가 간질병이 있어서 가끔 발작을 해요, 그러다 조금 있으
면 자신이 스스로 일어나요. 발작 중에는 일으켜도 안 그쳐요. 처음에
는 모르고 일으켰지만, 소용없어요. 잠시면 끝나요."

대화 도중에 성휴는 일어났고, 눈치를 보며 기계 앞에 다시 선다.

　"그런데 병원에는 다니나요?"
　"저 병은 평생 못 고친다고 해요."

나는 우울한 마음으로 다시 사무실로 돌아와 생각했다.

　외부에서 봉사할 일을 찾을 것이 아니라 내 회사 내에서 먼저
아픈 사람을 돕기로 하고 성휴를 불렀다.

"성휴야, 너 그 병이 언제부터였니?"

"어렸을 때부터라고 해요."

"병원에는 가보았니?"

"아니요. 이 병은 못 고친대요."

"못 고치는 병이 어디 있어. 너 비번일 때, 나하고 병원에 한 번 가
보자. 의사의 말이나 한번 들어보자."

구로동 고대 부속병원 신경정신과에 예약한 날, 성휴를 데리고
병원으로 갔다. 설명을 다 듣고 난 의사가 말했다.

"말씀드리기 난감한데, 이 병이 완치는 없습니다. 다만 발작을 하
지 않게는 할 수 있는데, 일생 약을 복용해야 합니다."

약을 먹은 후로 성휴는 발작을 하지 않는다고 들었다. 가끔씩
그의 안부를 묻는 것으로 그 일은 일단락되었다. 나는 공장장을
불러 또 병이 있는 아이가 있는지 알아보라고 했다. 그 말에 공장장이
말했다.

"10대 후반에서 20대 초반의 아이들이라 다 건강합니다. 요즈음
은 보험 공단에서 일 년에 한 번, 건강검진을 해 주고, 병이 있는 아이

는다 치료를 해 줍니다. 대학을 못 가 공장에 들어왔지만, 옛날같이 형제가 많은 것도 아니고, 식구도 몇 안 됩니다. 옛날 같지 않습니다. 다 잘들 삽니다. 염려하지 마십시오."

공원들은 그렇다 치고 그러면 일반 사원은? 하나, 대기업 외주 가공업체라 사무직은 몇 안 된다. 공장장, 이사, 영업부장, 경리부장, 생산부장 등등은 삼사십 대, 한창나이라 모두 건강해 보인다. 그러면 그들의 자녀 교육 문제는 어떤가? 미스 권에게 알아보라고 했다.
박 부장의 딸이 올해 대학에 합격했는데, 대학은 포기하고 취직을 한다고 하는 말을 들었다고 한다. 나는 박 부장을 불렀다.

"박 부장님, 따님이 공부를 잘했나 봐요. 대학에 합격했다면서요."
"아! 예. 그런데 취직을 한다고 합니다."
"왜요? 그 어려운 대학에 합격을 했는데, 취직은 왜요?"
"집안 형편이 그 애, 대학 보낼 형편이 아닌데, 공연히 시험을 봐 서…."
"집안 형편이 어떠신데요?"
"주책없이 아이를 많이 낳은 데다 부모님이 아직 생존해 계신데, 두 분 다 병원에 계셔서 형편이 안 됩니다."

나는 박 부장을 내보내면서 말했다.

　"따님, 내일쯤 회사에 한 번 오라고 하세요. 내가 좀 보고 싶네요."

다음날, 박 부장의 딸이 왔다. 예쁘고 똘똘하게 생긴 아이는 활발
했다.

　"사장님, 처음 뵙겠습니다. 아버지께 말씀 많이 들었어요."
　"이름이?"
　"박현아입니다."
　"아! 현아 양, 대학 합격 축하해요."
　"네 감사합니다. 그런데 저 학교 안 가요."
　"왜요?"
　"그냥, 돈 벌고 싶어서요."
　"학비 때문이 아니고?"
　"……."
　"학비 때문이라면 현아 양의 4년을 내가 책임져 주고 싶은데요."
　"정말요. 사장님, 감사합니다. 저, 정말 공부하고 싶어요. 열심히
하겠습니다."

박 부장의 딸이 가고 난 뒤, 나는 마음이 뿌듯했다. 정말 이제 "이웃을 내 몸과 같이 사랑하라"는 주의 도를 지킨 듯하여 그리고 그 일을 시작한 듯하여 감사 기도를 드렸다.

출근하여 사무실에 들어서자 미스 권이 책상 앞에 와서 말한다.

"사장님, 지난밤에 김현수가 약을 먹고 자살을 시도 했대요."

"아니, 왜, 약을 먹었대? 김현수가 누구지?"

"얼굴이 하얗고, 눈썹이 짙은 애요. 키가 크고 잘생긴 애 있잖아요. 꼭 대학생 같은 애요."

지난가을엔가? 초겨울엔가? 미스 권에게서 설명 들은 애인 듯한 현수를 처음 본 기억이 난다. 낙엽이 우수수 떨어지는 녹지에 쓸쓸히 혼자 앉아 무슨 생각인지에 골똘히 빠져있는 듯했던 그는, 미스 권의 말대로 하얀 얼굴에 눈썹이 짙은, 꽤 인상적인 아이였다. 그리고는 그를 잊었었다. 그런데 그 아이가 자살을 했단다. 나는 후회했다. 그때 그 아이의 거동이 좀 수상쩍었던 것을 기억해 내고, 그때 그 아이와 대화를 했어야 했는데 후회가 되었다. 무슨 사연이 있기에 젊은, 아니 아직 아이티도 못 벗은 아이가 자살을 했을까?

나는 대충 결재할 것만 처리해 놓고, 그가 입원해 있다는 강남 시립병원으로 가 입원실로 들어갔다. 현수는 눈을 감고 누워 있다.

나는 가만히 그 애 곁으로 다가가 손을 잡아 주고, 아무 말 없이 눈을 감고 기도를 드렸다.

  "하나님 이 어린 영혼이 어떤 상처로 하여 생을 마감하려고 했는지 저는 모릅니다. 하나님 위로 되어 주시옵고, 이 어린 영혼을 지켜 주시옵소서."

  기도가 끝나고도 그대로 아무 말도 하지 않고, 손을 꼭 쥔 채 가만히 그를 바라보고만 있었다. 현수도 천정을 바라본 채 아무 말도 하지 않고, 그대로 한 시간쯤이 지났다. 나는 현수를 불렀다.

  "현수야, 밥은 먹을 수 있니?"
  "아니요, 아직은 아무것도 못 먹어요."
  "그래, 그렇구나, 그럼 내일 또 올게, 아무 생각 말고 쉬어라."

  매일 아침, 출근하면서 한 번씩 둘러보았다. 며칠이 지난 후부터 죽은 먹여도 된다고 해서 아침마다 죽을 끓여다 주고, 죽을 먹는 것만 지켜보다가 아무 말 없이 병실을 나오기까지 한 십여 일이 되었다. 현수가 말문을 열었다.

"사장님 죄송해요. 문제를 일으켜서. 전 정말 살고 싶지가 않았어요. 살 수가 없었어요."

"지금은 어떠냐? 살아난 것이 다행이라고 생각하니? 죽지 못한 것이 분하고 억울하다고 생각하니?"

"살아나서 다행이라고 생각해요. 만일 제가 죽었다면 엄마도 살지 못할 거예요. 아빠가 사업에 실패해서 고등학교 졸업을 며칠 남겨둔 저만 집에 두고 잠적해 버렸어요. 빚 때문에요. 며칠 후, 집은 경매에 넘어갔고, 저는 친구 집을 전전하다가 졸업 후, 공장에 취직을 한 거예요. 그러나 공장일이 제게는 너무 힘에 겨워 견딜 수가 없었어요."

"그랬구나. 조금 전에, 현수가 죽었다면 어머니도 살지 못할 거라고 했지. 내용은 조금 다르지만, 아들을 잃은 엄마의 이야기인데, 한번 들어볼래?

〈타이타닉〉이란 영화 이야기야. 한 번 들어봐, 뉴욕으로 가던 타이타닉호가 침몰해서 하버드 출신, 유능한 인재가 아버지와 함께 죽고, 어머니만 홀로 남았어. 슬픔에 빠져있던 어머니는 울고만 있을 수는 없다고 생각하고, 아들의 이름으로 하버드에 도서관을 세워 기증하고, 아들이 즐겨 먹던 아이스크림을 학교 앞을 지나는 어린이들에게 나누어 주며, 아들을 기렸다고 하는 이야기인데, 고교 졸업을 며칠 앞둔 아들을 홀로 남겨두고 가신 부모님은 현수의 앞날의 교육을 위해서 얼마나 피나는 노력을 하시겠니, 돌아왔을 때 현수가 없어졌다고 생각해 봐. 정말 어머니는 살고 싶은 마음이 있으시겠니?"

현수는 울고 있다. 나는 그가 마음껏 다 울기를 기다려 주었다.

"현수야. 그간 한 열흘 동안 많은 생각을 했겠지. 내가 한번 들어보고 싶은데."
"네, 지금으로서는 숙식이 제공되는 공장에 다니면서 우선은 돈을 모으고 돈이 좀 모이면, 학원에 다니면서 수능 준비를 해서 대학에 들어가고 싶어요. 몇 년이 걸릴지는 모르지만 해 보겠어요."
"그래, 잘 생각했다. 우선은 건강해야 뭘 하든 할 것이니까, 건강 회복에 힘쓰도록 해라."

현수가 퇴원하고 공장으로 돌아왔다. 사무실로 인사 하러 온 현수에게 내가 말했다.

"현수, 건강해 보이네. 이제 그런 못된 생각은 절대로 하지 말고, 열심히 살거다. 너무 조급하게 생각하지 말고, 올해 안 되면 내년에 하면 된다. 이제 겨우 스무 살인데 뭐가 급해. 삼십이 넘어서 대학 가는 사람도 많은데."
"네, 알겠습니다. 열심히 살겠습니다."

"현수야, 퇴원하기 전, 병원에서 네가 한 말, 잘 지킬 수 있지. 지금 내가 너를 도와 학원에도 보내주고 숙식도 제공해 준다면, 넌 부모님 밑에 있을 때랑 아무것도 달라진 것이 없이 부잣집 도련님 행동을 그대로 하게 될 거야. 남의 도움이란 것이 기약이 있는 것이 아니니까 네 스스로 강인한 체력과 정신력을 키워야 해. 네 말대로 일 년, 공장에서 숙식을 제공받고, 일해서 월급 받아서 학원비 내고, 수능은 작년에 준비했으니 정리만 하면 될 것 같고, 실력에 맞춰서 대학 가면, 그때는 내가 입주 가정교사 자리 알아봐 주고 등록금도 줄 것이니까 죽었소, 하고 하는 거야. 그것을 못 견디면 넌 영원히 낙오자가 되는 거야. 부모님이 재기하신다고 해도 그리 빨리는 안 될 것이니 몇 년 후 돌아오셔도 네가 폐물이 되어 있다면, 그 일을 어쩔 거야. 알아들었지."

가끔 미스 권에게 현수의 소식을 듣는다. 열심히 근무하고 있다고 한다. 아무 희망이 없었을 때는 어려웠던 일도 희망이 생기니 어렵지 않게 해 나가는 것을 보고, 모든 일은 마음먹기에 달렸다는 것을 새삼 깨닫는다. 공장 안의 모든 직원의 건강 문제, 교육 문제 등등을 내 식구같이 챙기니 공원들은 모두 최선을 다한다. 불량도 안 내고, 수량도 훨씬 많이 뽑는다.

성휴는 발작을 하지 않은 지 오래되었다. 성휴 어머니가 전라도에서 이것저것 선물을 싸 가지고 사무실로 찾아왔다. 눈물을 흘리며 감사하다고 말한 뒤, 성휴가 고향에서 결혼을 한다고, 사장님이 다녀가셨으면 좋겠다고 말한다. 그러나 그것은 너무 번거로울 것 같아 축하와 축의금만 전하고 그 일은 끝냈다.

박 부장 딸은 대학을 졸업하고 대기업에 취직을 했다고 회사로 찾아왔다. 활짝 핀 꽃같이 예쁜 현아를 보고 "곧 시집을 가야 할 것 같다"고 했더니 부끄럼도 타지 않고 "사장님 좋은 신랑감 있으면 소개해 주세요" 한다. 요즘 애들이란….

현수는 6년 만에 대학을 졸업했다. 그해에 부모님과 연락이 닿았다. 그러나 그 애의 부모들은 아직 회생을 못 하고 어렵게 지내고 있었다. 나는 생각 끝에 현수 아버지를 우리 회사에 취직시키면 어떨까? 하고 이 상무에게 말했다. 현수 아버지를 면담하고 난 이 상무가 말했다. 그 사람은 폐인이 다 되어서 회사에서는 할 일이 없을 것 같다고 했다. 궁리 끝에 현수 어머니를 회사 식당에 취직시키기로 했다. 현수 어머니는 야무지고 다부져서 일을 잘 해내었다. 모자가 벌어서 동생들 공부시키고 열심히 살아가고 있다.

남편이 내 곁을 떠난 지 30년, 이제 세월이 흘러 내 나이 83살의 노인이 되었다. 세월이 자기만 흘러간 것이 아니고, 내게는 나이를 한 살씩 얹어주고 갔다. 남편이 가고 처음에는 지구의 종말이 온 것 같은 절망감과 고립무원, 세상에는 아무도 없고, 단지 홀로 선 느낌으로 자식도, 형제도, 친구도, 이웃도 나와는 아무 상관 없는 사람들로 여겨졌다. 그러나 형제들의 도움으로 회사를 혼자의 힘으로 잘 이끌어 나가 지금은 완전히 자리를 잡았다.

자식들은 모두 무사히 공부를 끝마치고, 결혼해서 열심히 살아가고 있다.

자식들의 공부를 끝 마쳐 주고, 짝을 찾아주는 일을 꼭 부부가 함께해야 하고, 노년에는 그 자식들에게 위로받고, 일해 온 직장에서 보상받으며, 노후를 보내야 행복한 노인이라고 생각했던 때도 있었었다. 그러나 나는 지금 혼자라도 충분히 행복하다.

하나님은 노후에 내게 참으로 아름다운 집을 주셨다. 아침에 침내에서 일어나 시너 발짝만 가면 화장실이다. 거기서 또 서너 발짝이면 현관이다. 또 서너 발짝이면 주방 씽크대 앞이다. 아이들이 해다 넣어 놓은 반찬 몇 가지를 꺼내 쟁반에 받쳐 들고 돌아서서 두세 발짝이면 식탁이다. 주부들의 하루 동선이 십 리는 된다고 하는데, 나의 하루 동선은 수백 미터에 불과하다. 노인의 체력으로 적당한 동선이다.

그보다 더욱 축복은 거실 앞 전면이 통유리다. 3층, 그 창 앞에 서면 전면 6미터 도로 앞에 있는 작은 공원이 내 집 정원같이 펼쳐진다. 봄, 여름, 가을, 겨울 가지각색의 풍경들은 나를 행복하게 한다.

지금은 남편이 나를 혼자 두고 눈 덮인 산골짜기로 떠났던 그 겨울 같이 눈이 많이 내리는 겨울이다. 잎을 다 떨군 나뭇가지에 흰 눈이 소복소복 쌓여 있다. 솜옷을 입은 것 같은 나뭇가지들은 정감을 불러일으킨다. 포근한 마음이 되어 공원의 여기저기를 한동안 둘러보다가 머리를 40도 각도로 돌리면, 집에서 2분 거리에 있는 서울에서는 제일 크다는, 교인 수가 사만 명이라는 교회의 십자가 탑이 '예수 구원'이라는 구원의 말씀을 걸고 눈앞에 다가온다. 그러면 경건한 마음으로 두 손을 모으고 아침 기도를 드린다.

"하나님, 지난밤도 깊은 잠에 두셨다가 오늘 또 이렇게 하루를 허락하시니 감사합니다. 오늘도 온 가족이 당신을 경외하며, 당신의 법도를 지키며, 당신의 계명을 지켜 당신의 사랑 받고, 보호받고, 인도받는 모두가 되게 해 주셔서 당신께는 영광, 저희들에게는 평화의 하루가 되게 해 주시옵소서. 주신 사명 잘 감당하며, 최선을 다하는 오늘 하루가 되게 해 주시고, 이 악한 세태 속에서 빛과 소금의 직분을 다 하는 하루가 되게 해 주시옵소서. 온 가족이 하나님을 사랑하고 이웃을 네 몸과 같이 사랑하라는 십자가의 도를 잘 지켜 이 가정을 믿음의 반석 위에 든든히 세우게 해 주시옵소서…."

아침 시간이 끝나면 하루 일과가 시작된다. 월, 수, 금요일 오전에는 은행에 가거나 장보기를 하거나 병원을 가고, 오후에는 피트니스에 가서 운동을 한다. 월, 수, 금요일에 바깥 볼 일은 다 마무리한다.

화, 목, 토요일 삼일은 일절 바깥출입을 하지 않고, 성경 필사를 하거나 책을 읽거나 글을 쓴다.

주일 날은 온 가족이 다 함께 한 교회에 가서 예배를 드리고, 맛있는 점심을 함께 먹으며, 한 주일 동안 있었던 이야기로 오후 한때를 함께 보낸다. 난 행복한 노인이다.

나는 23살에 결혼을 했고, 53살에 혼자가 되었다. 그리고 지금 내 나이 83살이다. 내가 대입 고시를 치른 때가 6.25 전쟁 직후였다. 많은 형제에 맏딸인 나는 대학 국문과에 합격은 했으나 대학 진학을 포기해야 했다. 바로 위에 오빠가 의용군에 갔다 온 관계로 대학 입학이 늦어졌다. 그러므로 나와 같은 해에 입학을 하게 되었으니 내가 양보해야 했고, 밑에 동생이 다섯 명이나 있으니, 대학은 꿈도 꾸지 못할 집안 형편이었다.

일찍 결혼을 했다. 곧 아이 셋을 낳고 기르느라 작가의 꿈은 꾸지도 못했고, 또 남편 사업을 대신하느라 문학에 대한 열망은 접어 두었었다. 회사 일이 어느 정도 안정되자, 나는 늦은 나이에도 공부를 시작했다. 문화 센타에서 시 공부를 시작했다. 다음은 수필반에서 수필 공부를 했다.

그리고 본격적으로 중앙대학교 문예창작과에 입학했다. 단편을 여러 편 썼다. 6년이라는 긴 세월 동안 열심히 썼다.

교수님이 이번에는 장편을 한 번 써 보자고 했다. 첫 페이지, 마지막 페이지, 가장 감명 깊은 장면, 이렇게 세 장을 써 오라고 했다. 나는 정말 심혈을 기울여서 썼다. 다음 시간 선생님은 이 많은 작품 중 소설이 될 만한 작품은 내 작품 하나뿐이라고 했다.

나는 그날부터 2년에 걸쳐 작품을 썼다. 칠십이 넘은 나이에 밤을 새우면서 썼다. 선생님의 칭찬 한마디에 고무되어 용기를 얻고, 힘을 내어 열심히 썼다. 쓰면서 문우들과 선생님의 합평을 토대로 개작을 해 가면서 썼다. 그리고 문학상 공모전에 응모하기를 아홉 번째, 제7회 혼불문학상 응모 전에 응모했다.

평소와 같이 운동을 끝내고 핸드폰을 열어 보았다. 누가 급한 문자라도 남기지 않았을까? 하는 생각을 해서다. 핸드폰 문자에 혼불문학상에서 문자가 왔다. 혼불에서? 혼불에서? 이것은 분명 보통 일이 아니다. 너무 다급한 마음에 손이 벌벌 떨리고, 가슴이 두근거려 숨도 제대로 못 쉴 지경이다. 힘겹게 열어 본 화면에는 '혼불문학상 수상작 발표'라는 글귀가 적혀 있다. 내게 이런 문자가? 내가? 아! 하나님 감사합니다. 눈물이 앞을 가려 화면을 볼 수가 없다. 잠시 진정하고 다시 자세히 읽어 보았다. 282명 중 수상은 하지 못했지만, 예선 17편 안에 들었다고 한다.

'아! 하나님 감사합니다. 이제 내가 대가들의 인정을 받았다. 이만 하면 족하다.'

이제 나도 작가라고 생각하니 너무 기뻐서 피트니스에서 집에 올 때까지 "하나님, 감사합니다"를 중얼거리며 울면서 왔다.

내가 처음 글을 써서 칭찬을 받은 것은 6.25 전쟁이 나기 전, 중학교에 입학하고 얼마 지나지 않아서였다. 그때는 좌익 우익이 딱 갈라진 시대가 아니었다. 프롤레타리아의 이상론에 심취되어 부자는 부자대로 가난한 사람은 가난한 대로 유토피아를 꿈꾸면서 그 이론에 매료되어 있던 사람들도 많은 때였었다. 당국과 학교에서 반공 표어를 써 오라고 자주 숙제를 내주었다. 국민의 사고를 각성시키기 위해서 반공 표어를 길에도 많이 걸어놓던 시대였다.

하얀 칼라에 귀밑 일 센티미터의 머리를 찰랑거리면서 한참 폼을 재던 나는 당당하게 학교 현관 정문으로 들어섰다. 정문 중앙 맞은편에 "무궁화를 좀 먹는 붉은 벌레 없애자"라는 표어가 붙어 있었다. '아니, 저건 내가 쓴 표어잖아.' 그 순간 커다란 붓글씨로 벽면을 가득 채운 내 표어 앞에서 경직된 모습으로 한참을 서 있었다. 그리고 그 감격은 아침마다 학교 현관을 들어설 때마다 더 해 갔다. 아마도 내게 문학에 대한 열망의 씨앗이 심겨진 때는 그때가 아닌가 싶다.

그리고 두 번째는 부산 피난 시절, 피난민 학생들은 거주지에 속한 학교에 편입되었다. 나는 동대신동 구덕산 밑에 위치한 부산여중으로 갔다. 천막으로 교실을 만들고 피난 학생들은 천막 교실에서 공부를 했다. 다닥다닥 붙어 앉아서 무릎 위에 책을 놓고 수업을 했다.

얼마 후, 당국에서는 나름대로 부산으로 피난 온 선생님들을 중심으로 학교를 시작하라고 했다. 모두 본교로 돌아왔다. 하지만 30~40평의 일본식 건물에 전교생이 다 들어가야 했으니, 전교생이라야 몇십 명 되지도 않았지만, 비좁기가 이루 말할 수가 없었다. 집은 집대로 단칸방에서 온 식구가 살았으니, 집에서나 학교에서나 그 답답함은 무어라고 표현할 길이 없었다.

그러던 차에 진해로 소풍을 갔다. 답답했던 모든 것을 다 털어내고 마냥 즐거워서 학교로 돌아왔고, 감상문을 썼다.

월요일 아침 조회 시간에 전교생이 다 모인 자리에서 최우수 작품 낭송이 있었다. 나는 떨리는 목소리로 내 작품을 또박또박 읽어나갔고, 그때 내 마음에 자긍심을 심게 되었다. 그리고 아마도 그때가 문학에 대한 나의 열망의 씨앗이 발아된 시기가 아니었나 생각된다.

이제 아이를 키울 일도 없고, 사업을 해서 돈을 벌어야 하는 일도 내게는 없다. 다만 나는 나만을 위해서 내가 하고 싶은 일들을 하며 내 삶을 꾸려 나가면 된다.

보고 싶은 책 읽으며 쓰고 싶은 것 쓰고, 다정한 친구들과 아름다운 곳으로 여행 다니며 내 마지막 삶을 즐기면서 살기를 바랄 뿐인데, 하나님께 빌기는 너무 오래 살아 아이들에게 폐 끼치는 일 없게 되기를 빌 뿐이다.

_ 매일 시니어 문학상 논픽션 당선작(2018년)

"아니야! 안 돼, 안 돼"
당선 소감

오늘도 여전히 기운이 없다. 나만 그런 것이 아니다. 피트니스에서 만나는 회원들 중, 80살이 넘은 회원들은 거의 다 그렇다. 만나기만 하면 기운 없다는 말이 인사다. 그래도 운동은 해야 된다는 생각에 힘을 내서 집을 나섰다.

지하철을 타려면 12분을 걸어야 한다. 왕복 12분이면 합해서 24분이다. 야박하게도 그것을 운동한 것이라고 친다. 그래서 걷는 운동은 그것으로 때우고, 체육관에서 이것저것 한 시간쯤 시간을 보내다가 사우나를 하고 나오면 그날 책임량은 다 하는 것으로 된다. 나는 원래 운동을 싫어해서 억지로, 조금씩 하는 것으로 큰 생색을 낸다.

피티니스에 도착하여 신발장 앞에서 신을 벗는데, 핸드폰이 울렸다. 폰을 받으니 "아니야, 안돼, 안돼" 여자의 가냘픈 음성이 멀리서 들린다. 나는 '뭐가 안 된다는 거야, 웃겨, 누구지?' 생각하는데, "아니야, 안 돼, 안 돼"가 시니어 문학상을 받게 되었다고 한다.

그제야 어슴프레 말귀를 알아들은 나는, "네? 지금 뭐라고 하셨어요?" 내 귀를 의심하며 다시 물었다. "시니어 문학상을 받게 되셨는데, 본인 확인 차 전화드렸습니다. 문자로 자세한 것 보내 드리겠습니다."

'아! 이게 무슨 일이람, 내가 상을?' 너무나 감격하여 가슴이 두방망이질을 해 대고, 말문이 막히고, 숨이 차서 그 자리에 멍청히 앉아 있었다. 정신이 나가버렸다.

그때 마침 딸에게서 전화가 왔다. 그런데 나도 의식하지 못한 순간 눈물이 왈칵 쏟아졌다.

왜 딸의 전화를 받은 순간 눈물이 터졌는지, 나도 모르겠다. 엄마에게 의존하던 이 노녀는 모르는 사이 이제 딸을 많이 의존하나보다. 딸이 내게 전화한 용건은 묻지도 않고, 내가 상을 탔다고 말하는 순간 눈물이 터져서 흑흑 흐느끼며 울었다. 내가 컴퓨터로 글을 쓰기까지 딸도 많은 고생을 했다.

나는 원래가 기계치다. 처음 TV가 나왔을 때, 나는 TV도 켜지 못했었다. 식구들이 켜 놓은 후에야 슬그머니 끼어 앉는다. 집에 있는 모든 가전제품 만지기를 싫어했던, 그런 나에게 컴퓨터를 가르친 것은 딸이다. 딸은 못된 엄마에게 무던히도 구박을 받은 선생이다. 기계에 대한 기본적인 지식이 없으니, 모든 것은 일회 학습으로 앞뒤가 연결이 안 된다. 말귀를 알아듣지 못하는 엄마를 그래도 열심히 가르쳐, 세월이 지나니 그 실력으로 장편도 쓰고, 단편도 쓰고, 수필도 쓰고, 시도 쓰고, 성경 필사도 하고… 이제 매일 시니어 문학상에 당선되어, 논픽션과 수필, 두 부문에서 상을 타게 되었단다.

그런데 무엇이 나를 그토록 눈물 나게 했을까? 처음에는 너무나 기뻐서 눈물이 쏟아졌는데, 차츰 그것은 슬픔으로 변해 서럽게 흐느꼈다. 그 서러움의 실체는 무엇이었을까? 곰곰이 생각한다. 대학 국문과에 들어가 문학을 전공하고, 신문기자가 되어, 마감 시간을 맞추기 위하여 가방을 둘러메고, 긴 머리를 휘날리며, 이리 뛰고 저리 뛰는 유능한 기자의 모습을 꿈꾸었는데, 그 꿈은 사라지고, 나이 80이 넘은 나이에 이제 문학상을 받게 된 데 대한 회한이었을까? 아니면, 기쁨이나 슬픔의 감정은 같은 맥락의 것인가? 한참을 울고 난 뒤 개운해진 마음으로 체육관으로 들어갔다.

그런데 참으로 신기한 일이다. 조금 전까지 힘이 하나도 없다고 생각했었는데, 내가 작가가 되었다고 생각하니 기운이 넘친다. 체육관에서는 운동기구를 마구 휘둘러 쾅쾅 소리를 내고, 탕에서도 힘껏

문질러 피부가 빨갛게 되고, 사우나실로, 샤워실로 훨훨 날아다닌다. 몸을 움직이기 싫을 만큼 기운이 없었던 것이, 몸에 기운이 빠진 것이 아니라, 정신적인 나태함이었나? 사람의 모든 행사는 마음먹기에 달렸다는 것을 새삼 느낀다.

집으로 돌아와 당선 소감을 썼다. 준비도 없이, 흥분상태에서 갑자기 글을 쓰려니 잘 되지 않는다. 그래도 써야 하니 썼다. 밤을 새웠다. 잠은 멀리 달아나고 눈은 초롱초롱하다.

나도 이제부터 시작이야! 이제 작가로 인정받았으니 열심히 쓰면 된다. 2013년도 노벨문학상 여성 수상자 앨리스 먼로, 그녀도 나와 동갑인 83세다. 늦었다고 생각할 때가 가장 이른 때라는 말도 있다.

하면 된다. 하면 된다. 파이팅, 민윤숙.

우기의 시

드디어 나도 예순 살이 되었다. 적막이 부드러운 속옷처럼 포근해지는 나이라고 누군가가 말했다. 그러나 나에게 적막이나 고요는 밤의 흐느낌, 이외의 것으로는 설명될 수 없었다. 불면은 한동안 나의 밤을 갉아먹었다. 시계 초침 소리 때문에 배터리를 빼버린 시계가 숨죽인 채 나를 내려다보고 있다. 지난 몇 개월 동안 나는 저 시계처럼 멈춰 있었다. 그렇다고 시간이 가지 않는 것도, 그렇다고 지나가 버린 시간이 다시 되돌아오는 것도 아니었지만, 불면의 밤을 술로 달래며 나는 시간을 죽이고 있었다.

시계는 3시 40분을 가리키고 있다. 그리고 아버지는 늘 그 시간에 전화를 한다. 일체의 안부 없이 자신이 하고 싶은 말만 한다.

"너는 언제나 네 마음대로 했지."

그러나 오후 2시의 뉴욕과 차 소리조차 들리지 않는 깊은 밤의 서울을 구분하지 않는 사람은 바로 아버지였다. 나는 수화기 너머의 아버지가 눈치채지 못하도록 조용히 술을 따랐다. 첫 모금은 늘 그렇듯 뜨겁고 강렬했다. 눈이 저절로 감겼다. 이 맛, 이 느낌, 코끝이 찡하도록 화끈하면서도 정작 목을 타고 넘어갈 때는 미츠코 우치다의 슈베르트처럼 감미롭다. 모든 것을 이해하고 용서할 수 있을 것 같은 시간이었다. 아버지는 계속 웅웅거렸다.

"그런데 너의 큰어머니 말이다. 많이 편찮은 것 같던⋯."

처음 듣는 소리다. 나는 눈을 깜빡였다. 80을 넘기고도 팔팔 뛰어다니던 아버지였다. 그런데 몇 달 사이 911을 불러 앰뷸런스 신세를 지더니 달라진 것인가. 늙고 낡은 심장에 스텐트 시술을 하고 누우니 그제야 죽음이 떠올랐는지도, 게다가 큰어머니의 일까지도⋯.

"너의 큰 어머니 말이다."

아버지의 목소리가 단단해졌다. 옛날 옛적으로 시작하는 동화책이 한 장씩 넘어가는 것 같았다.

열네 살에 시집와서 사십여 일 만에 청상이 되고, 자식 하나 없이 80이 넘도록 홀로 살다 돌아가셨다는 큰어머니 이야기.

아버지는 오래 전의 일을 마치 어제의 일처럼 말하고 있었다. 세상에, 그런데 그 옛날의 큰어머니 보퉁이를 지금 내어놓으라는 것이다. 보퉁이? 나는 어리둥절했다. 정작 죽을 지경에 놓인 사람은 아버지인데, 아버지는 자신 형수의 보퉁이에까지 오지랖을 넓히고 있다.

나는 술병을 들어 불빛에 가늠해 보았다. 술병은 반 넘게 비어 있었다. 이미 아버지의 음성은 꿈속처럼 아련해진 지 오래였다.

오래전 한 30여 년도 넘은 그때 아버지가 직지사라는 절에 가서 큰어머니가 주시는 보퉁이를 받아 오라고 한 말이 지금 어렴풋이 기억이 난다.

보퉁이? 큰어머니 보퉁이? 그런데 그 옛날의 큰어머니 보퉁이를 지금, 내가 왜 또 찾아와야 하는가? 내가 큰어머니의 양녀였었기 때문에? 그런데 그 양녀 건은 오래전, 몇십 년 전에 이미 유야무야된 일인데 아직도 유효한가?

큰어머니, 열네 살에 시집와서 49일 만에 청상이 되었다는 나의 양어머니. 그녀는 그렇게 엄청난 일을 당하고도 너무 어렸기 때문이었을까? 아니면 양반댁 규수라는 굴레 때문이었을까? 남편의 초상을 치르고 곧장 시댁으로 들어가 삼십오 년이라는 긴 세월 동안 아무 문제 없이 잘 살아냈다.

시아버지는 그녀를 위해 친정으로 돌아가 새 삶을 살기를 여러 번 권유했으나 그녀는 친정으로 돌아가지 않았다. 시아버지는 그녀를 위해 양자 양녀를 세워 주었다. 둘째 아들의 장남을, 셋째아들의 장녀인 나를 장남의 아내인 그녀의 아들딸로 주셨다. 아들딸 키우기에만 온 정성을 기울인 결과 아들이 잘 자라 주어 의대를 졸업하고 의사가 되었고, 결혼도 잘해서 아들 셋을 낳고 잘 살았다. 그런데 남편도 결핵을 앓다가 결혼한 지 49일 만에 죽었는데, 그 양아들마저 결핵으로 오랫동안 고생하다가 삼십 대 중반의 나이에 아홉 살이 맏이인 아들 셋을 남기고 죽고 말았다.

장례식장에 온 친척들의 수군거리는 소리를 그녀가 듣고야 말았다.

"팔자 사나운 며느리를 들여서 남편 잡아먹고 자식까지 잡아먹었다."

그녀는 더 이상 시댁에 머물 수가 없었다. 자신으로 인해 또 누가 불행하게 될 것 같은 불안감에 시댁을 나오고 말았다. 결핵으로 세상을 마감한 남편과 아들을 기리며, 결핵 요양소에 들어가 간병인을 쓸 수 없는 환자들을 위해 10년을 무료 봉사했고, 자신이 결핵환자가 되어버렸다. 3년여 치료하고 완치되었으나 아무 곳에도 갈 곳이 없는 그녀는 직지사에 들어가 불자로, 신앙생활로 노년을 보냈다.

14세에 시댁으로 들어가 50세에 시댁을 떠났고, 그분 연세가 80이 넘었고, 오래전에 속세와는 인연을 끊었으니 양녀, 양자 관계는 유야무야된 지가 오랜데, 그런데 아직도 나를 큰어머니의 양녀라고 직지사에 가서 그 옛날에 가지고 오지 못했던 보퉁이를 다시 받아 오라고 하는가?

그때 30년도 넘은 그때, 내키지는 않았지만 아버지의 말을 거역할 수 없어 짬을 내어 직지사에 갔었다.

19100203 정명주.

종무소에서 확인한 바에 의하면 큰어머니가 틀림없었다. 작고 단아한 몸피는 한 줌밖에 되지 않았지만, 총기 어린 눈매는 희미하게나마 살아있었다. 병색으로도 감추어지지 않는 알지 못할 기품까지.

나는 길고 구불구불한 머리카락을 풀어 헤치고 알이 커다란 선글라스는 머리 위에 꽂았다. 더운 날이었다. 등이 깊게 파여 있는 화려한 나임 무늬 원피스를 접시처럼 펼치고 앉아 오금이 저리는 것을 꾹 참고 있었다.

"네가 영택 서방님의…?"

"네."

큰어머니는 '영택 서방님의 딸'이냐고 하려다 오래전에 없었던 일이 되어버렸기는 했지만, 한때는 자신의 양녀였던 나를 '영택 서방님의 딸'이냐고 묻지는 못했다. 마음이 뭉클해진 나는 그런 큰어머니를 연민의 눈으로 바라보다가 딴청을 부리느라 연신 코에 침을 발랐다. 쥐가 나서 죽을 맛이었다. 큰어머니가 가녀린 손으로 어딘가를 가리켰다. 구석에 작은 보퉁이가 있었다.

"네 아버지께 가져다드려라."
"네, 네."

나는 건성이었다. 머릿속은 온통 내일까지 제출해야 하는 공모전 출품작 생각뿐이었다. 가다가 사고라도 난다면, 기차가 연착이라도 한다면, 조바심을 지면서 섬돌의 샌들을 꿰어 찼다. 뛰다시피 사하촌 골목까지 와서야 큰어머니의 보퉁이를 가지고 오지 않았다는 것을 깨달았다.

"큰어머니가 무얼 주신다고 하니 가서 받아 오너라." 이 먼 길까지 오게 한 아버지의 음성이 귓가에 어른거렸다. 어떡하지? 하지만 지금 가도 기차를 탈까 말까다. 공모전, 공모전⋯. 늦으면 안 돼. 그것이 벌써 30여 년 전 일이다. 그 후 보퉁이는 누구의 기억 속에도 없는 물건이었다. 그런데 아버지는 왜 또 보퉁이 이야기를 꺼내는 걸까?

　뉴욕에 홀로 있는 아버지가 위독하다는 전갈을 받고 나는 미국행 비행기를 탔다. 다른 자식들도 있는데 왜 또 나야? 혼자라는 것이 좋을 때도 있지만 모든 궂은일을 모두 나에게 맡기니 귀찮을 때도 많다. 더구나 아버지와의 사이가 좋지 않은 나는 정말 내키지 않았다.

　비행기 탑승 후 좌석을 찾느라 이리저리 시선을 돌리던 중, 주호 오빠를 꼭 닮은 사람을 보았다.

　'아! 어쩌면 저리도 똑같은 사람이 있을까? 그럼, 주호 오빠는 죽지 않고 살아있었나? 저 사람이 혹시 주호 오빠?'

　죽은 현장도 보지 못했고, 장례식에도 가지 않았으니까 그가 정말 죽었는지 아닌지를 나는 모른다. 또 그 이후로 오빠에 대한 소식은 누구에게서도 들은 적이 없었으니까. 얼이 다 빠져 그 사람에게서 시선을 떼지 못하고 계속 바라보고 있다. 그 사람도 내 시선이 부담스러웠는지 가끔 내 쪽으로 시선을 돌린다. 나는 놀라서 눈길을 피하지만 또 어느새 그를 바라보고 있는 자신을 발견한다.

　주호 오빠를 처음 만난 것은 큰어머니의 양자, 사촌 오빠 결혼식 장에서였다. 사촌오빠는 장손이라서 고향에서도 많은 사람들이 왔다. 오빠는 의사였고, 올케 될 사람은 일류 여대 메이퀸이었기 때문인지 결혼식장은 화려했다. 손님들도 모두 근사했다. 식구들이 모여 있는 곳에 함께 앉아 사람들을 구경하고 있었다. 그때 한 사람이 우리 있는 곳으로 와 어른들께 인사를 했다. 어른들은 그를 보고 말했다.

"네가 어떻게 왔니? 그래 혼자서 얼마나 고생이 많니?"

측은하고 안쓰러운 표정들을 짓는다.

"왜들 저런대?"

곁에 있는 고모에게 물어보았다.

"응, 저 사람은 네게는 팔촌 오빠인데, 어머니를 일찍 여의고, 6.25 때 아버지마저 돌아가셔서 혼자가 되었단다. 다니던 대학도 그만두고 지금은 경찰에 들어갔다고 하더라."

나는 그 사람을 쳐다보다가 그만 눈이 마주치고 말았다. 그런데 왜 이리도 가슴이 뛰는 거지? 그가 말했다.

"네가 윤짱?"

"?"

"예쁘구나."

　결혼식이 시작되어 우리의 짧은 대화는 여기서 끝이 났다. 하얀 드레스에 면사포를 쓴 신부는 천사같이 아름다웠고, 오빠도 꽤 나 멋져 보였다.

　결혼식이 끝나고 친척들은 다 큰집으로 갔다. 대청마루에는 교자 상 가득 음식이 차려졌고, 노래와 춤으로 축하 분위기는 한껏 고조되 었다. 그때 주호 오빠가 내 곁으로 와서 말했다.

"우리 정원으로 나갈까?"

말없이 그를 따라 나섰다.

"윤짱, 몇 학년?"

"고등학교 2학년, 그런데 나 윤짱이 아니라 윤진이에요."

"알아, 짱은 귀여운 사람에게 붙이는 애칭이야. 무슨 과목 좋아해?"

"국어요."

"그렇구나. 나도 공부 계속했으면 벌써 대학 졸업하고 작가가 되었을 텐데."

그는 '주호'라고 자신의 이름을 말해 주고, 소설을 쓰고 있는데 완성되면 보여주겠다고도 했다. 잔치가 끝날 때까지 우리는 많은 이야기를 나누었다.

그날 이후 주호 오빠는 토요일마다 우리 집에 왔다. 어느 토요일이었다. 오빠가 무엇을 불쑥 내민다. 풀어보니 노란색 필통인데, 그 뚜껑에는 주황색 붕어가 그려져 있고, 배가 터질 듯이 불룩 튀어나와 있다. 순간 왜 내 가슴이 마구 뛰는지, 꼭 붕어의 꼬리가 할랑거리며 가슴을 휘젓고 있는 것 같았다. 얼굴까지 빨개져서 혹시 오빠가 눈치챌까 봐 고맙다는 말도 제대로 못 했다.

그날 이후 학교를 가나 집에 있으나 오빠의 얼굴만 떠올랐다. 이것이 무슨 감정일까? 나는 내 자신도 어쩌지 못하고 오빠가 올 날만 기다렸다. 입시 준비로 분주한 나날을 보내는 중에도 매주 토요일은 오빠와 시간을 보냈다. 그는 자기가 쓰고 있는 소설 이야기, 또 자기가 읽고 있는 세계 명작 이야기, 어떤 때는 알아듣지도 못할 철학을 이야기하기도 했다. 고3이 되어서도 그런 날들은 계속되어 입시에 낙방하고 말았다. 후회해도 지나버린 일이었다. 내가 재수를 하면서 학원을 전전하던 어느 날, 주호 오빠가 왔다.

"오빠, 부산으로 전근되었어, 그런데 어쩌면 다른 직장으로 옮길지도 몰라. 부산에 가 봐야 알아."

"왜요? 경찰이 싫으세요?"

"응, 내 적성에 맞질 않아. 개체의 존엄성이 권력에 의해 짓밟히는 것은 있을 수 없는 일인데, 공공연히 자행되고 있어. 더구나 없는 죄를 만들어 뒤집어씌우는 것은 인간이 할 수 있는 일이 아니야. 그리고 해서는 안 된다고 생각해, 나는 견딜 수가 없어."

한동안 말이 없던 오빠가 말했다.

"윤짱, 이번에는 열심히 공부해서 원하는 대학에 들어가도록 해야 해."

예쁜 머리핀을 머리에 꽂아주고 오빠는 그렇게 떠나가 버렸다.

시인, 모윤숙이 국군의 죽음을 애도하면서 지은 시에 나는 감동을 받았다. 그래서 나의 소망은 작가가 되고 싶었다. 먼저 국문과를 졸업하고, 다음 신춘문예에 당선되고, 다음은 신문기자가 되고 싶었다. 그래서 이 나라가 왜 동족상잔의 아픈 전쟁을 해야 하는지, 또 미군과 소련군이 왜 남의 나라 일을 좌지우지하는지, 낱낱이 알아보고 싶었다. 그리고 그 일들을 모두 세상천지에 퍼 나르고 싶었다.

그러나 그 당시 결혼 풍습은 여자 나이 늦어도 이십이 삼세, 빠르면 대학 1~2학년 중퇴가 결혼 적령기였다. 이제 겨우 전쟁은 끝이 났으나 휴전상태에서 아직 곳곳에 전쟁의 상흔이 남아 있고, 경제도 불안정한 때여서 7남매나 되는 형제가 다 공부를 계속하기 힘든 때였다. 더구나 장녀인 내가 재수까지 하면서 대학을 가겠다고 하는 것은 군대에 갔다 왔기 때문에 학년이 나와 같아진 오빠에게 미안한 일이기는 했다. 하지만 나는 나고 오빠는 오빤데….

집안에는 고향인 경상도 일대를 다니면서 중매를 하는 이가 있다. 그가 서울에 오면 가끔 아버지와 술친구를 하면서 묵어가는데, 그가 집에 왔다. 나를 자세히 풀어보고 말을 건네 오기도 하고, 기분이 찝찝했다. 그가 다녀간 며칠 뒤 어머니는 옷 한 벌을 내 방으로 가지고 들어 왔다.

"작은엄마가 어제 가지고 왔더라. 입어보렴."

양장점을 하는 작은엄마는 가끔 내게 옷을 해다 준다. 공군 바바리 기지로 된 360도 감색 스커트와 속옷이 환히 내비치는 하얀색 아사 블라우스다. 마침 친구 석완이 놀러 왔다.

"야, 옷도 새로 생겼는데 오늘은 늦었고, 내일 우리 극장에나 갈까?"

"그래, 좋아."

다음날, 어머니가 달라고 하지도 않았는데 돈을 두둑이 준다. 버스를 타러 가는 길에 있는 미장원에 들러 머리도 손질하고, 기분이 한껏 들떠 명동으로 갔다. 석완이도 벌써 와 있다.

"시간이 조금 남은 것 같으니까 우리 차 한 잔 마시고 들어가자."

극장 앞 은하수다방을 오르는 계단을 한 칸 한 칸 오를 때마다 360도로 퍼진 스커트에서 사르륵사르륵 소리가 들린다.

"아! 기분 좋아."

한껏 들떠서 자리에 앉자마자 나는 수다를 떨기 시작했다. 석완이 난처한 표정으로 말했다.

"야, 조금 조용히 해."

"왜 그래, 얘는 말도 못 하게 야단이야."

"그게 아니라, 너 지금 선보러 왔단 말이야."

"뭐라고? 너 지금 그게 무슨 소리야?"

"어머니가 하도 부탁을 하셔서…. 네가 선본다고 하면 안 본다고 할 게 뻔하니까, 이렇게 일을 꾸미신 거야."

"나, 갈래."

발딱 일어나서 나가려고 하니까,

"애, 나를 봐서 조금만 참고, 아무튼 앉아 봐. 내가 이렇게 빌께."

석완이 두 손을 싹싹 비비며 나를 끌어 앉힌다. 나는 얼떨결에 엉거주춤 앉아 버렸다. 그때 누군가 옆을 스쳐 지나간다. 곁눈으로 보니 하얀색과 밤색 콤비 남자 구두가 탁자 앞에서 머뭇거린다. 그리고 석완이에게 무어라고 말을 하는 것 같다. 두 사람은 무슨 할 말이 그렇게 많은지, 한동안 주고받고 떠들더니 석완이 나를 쿡 찌른다.

"윤진아, 인사해."

남자는 자기소개를 하고 명함을 한 장 내민다. 나는 고개를 숙인 채 명함을 받아 들었다. 그리고 두 사람은 또 한참 이야기를 주고받고 있다. '흥, 재미나게 이야기도 잘도 하시네. 둘이 잘해 보시지.' 어떻게 시간이 지나갔는지, 골이 잔뜩 난 나는 친구에게 인사도 하지 않고 헤어져 집으로 돌아왔다.

다음날, 아침부터 집안이 소란스럽다. 대청소를 하고, 음식 장만을 하고, '누가 손님이 오나?' 생각하고 있는데, 내 방으로 들어온 어머니가,

"애야, 오늘 신랑감이 집에 온단다. 옷 좀 갈아입으렴."
"뭐라고요? 신랑은 누가 신랑이야? 그 사람이 뭐 하러 집에 온대요? 누가 그 사람과 결혼한댔어요?"

밖이 소란스럽다. 신랑이 온 것 같다. 나는 엉겁결에 다락으로 뛰어 올라가 그 사람이 갈 때까지 나오지 않았다. '내가 미쳐. 이게 뭐야? 답답해서 죽겠네. 누구 마음대로 시집을 가?' 얼마 후 신랑은 돌아가고, 다락에서 끌려 내려온 나는 호되게 야단을 맞았다.

그날부터 나는 궁리에 궁리를 했다. '어쩌지? 사랑하지도 않는 사람하고 무슨 결혼이야. 결혼이란 사랑하는 사람과 더는 헤어져서 살 수 없을 때 하는 거 아니야?'

아버지와 어머니의 결혼을 생각해 보더라도 이 결혼은 아니라고 생각했다.

두 분은 집안끼리 선도 보지 않고 부모님의 뜻대로 결혼을 했다. 아버지는 동경 유학 중인 인텔리였고, 어머니는 시골에서 보통학교만 나온 시골 처녀였다. 두 분의 이상이 맞을 리가 없다. 아버지는 공부를 끝내고 고국으로 돌아오면서 일본 여인을 앞세우고 아이까지 안고 돌아왔다. 거기서부터 어머니의 한 많은 세상살이는 시작되었고, 친정에서는 난리가 났지만, "아이들을 어쩌겠느냐. 그냥 참고 살아야지" 하는 결론을 내렸다.

'도망가 버릴까? 그런데 아무것도 할 수 없는 내가 무엇을 어떻게 해서 먹고살지? 아! 어떻게 해?' 시간은 지나가고, 결혼 날짜는 잡히고, 나는 걱정 끝에 병이 나고 말았다.

아프다는 소식을 전해 들은 신랑이 마산에서 올라왔다. 서울로 온 신랑이 안 가겠다고 몸부림치는 나를 데리고 정릉 계곡으로 갔다. 음식점으로 들어갔는데, 두 사람이 마주한 상이 큰 방 한가운데 놓여졌다. 나는 앞에 마주 앉은 신랑은 쳐다보지도 않고 상에 놓인 음식 가짓수만 세고 있다. 이쪽으로 세다가 헷갈려서 또 저쪽으로 세다가를 반복하고 있다.

점심을 끝내고 계곡으로 올라가 사진을 찍는다고 부산스럽게 굴다가, 계속 눈을 내리깔고 딴청만 부리고 있는 나를 신랑이 갑자기 덥석 끌어안는다. 나는 기겁을 해서 계곡 아래로 도망치고, 나를 잡으려고 신랑도 뛰고, 나도 뛰고…. 집으로 돌아와 근심 걱정에

싸인다.

그런 어느 날, 부산에서 주호 오빠가 왔다.

“우리 밖으로 나갈까?”

집 근처에 동네를 한눈에 내려다볼 수 있는 언덕이 있다. 언덕에 올라 벤치에 앉았다. 밤공기는 제법 쌀쌀했다. 오빠는 웃옷을 벗어 내게 걸쳐준다. 나는 눈물이 핑 돌아 아무 말도 못 하고 묵묵히 앉아만 있다. 한 참이 지난 후 오빠가 말했다.

“너 결혼 정했다며? 결혼할 거야?”

나는 아무 말도 못 하고, 얼마의 시간이 흘렀는지, 또 오빠가 말했다.

“너 친척 간의 결혼을 어떻게 생각해?”
“친척 간의 결혼은 법으로 안 되는 것 아니에요? 그리고 기형아를 낳는다고 하던데… 왜 누가 친척끼리 결혼한 데요?”

오빠는 아무 말도 하지 않고 묵묵히 앞만 바라보고 있다. 높은 하늘인 둥근 달이 동네를 환하게 비추고 있고, 나는 그 달빛이 서러워서 또 눈물이 글썽해졌다. 한동안 침묵하고 있던 오빠가 침통한 목소리로 말했다.

"「현대문학」 7월호에 〈우기의 시〉라는 단편이 실려 있는데, 그거 한 번 읽어봐. 그리고 꼭 내게 네 생각을 편지로 전해줘."

오빠는 화가 난 사람처럼 아무 말 없이 가 버리고 말았다.

어머니에게 끌려다니면서 결혼 준비는 진행되고, 마침내 미장원에 끌려가고 결국 결혼식장에 밀어 넣어졌다. 주례 앞에 고개를 숙이고 있는데, 어떤 생각이 번개같이 떠올랐다. '맞아, 신랑 근무지가 마산이니까 부산하고는 가깝잖아. 그래, 마산 가면 부산으로 가서 오빠를 만나면 되겠네.' 나는 조금 기운이 났다.

신혼살림에 필요한 이것저것을 사러 다니고, 안 해 보던 일을 하느라 힘도 들고, 그런 어느 날 동생에게서 전화가 왔다.

"언니, 주호 오빠 결혼한대. 고향에서 한다나 봐. 언니는 가까우니까 가봐."

오빠를 만나러 갈 핑계가 생겨 신바람이 났다.

푸른 물결이 잔잔하게 흐르는 경호강을 옆으로 끼고 조금만 들어가면 아늑하고 조용한 마을이 펼쳐진다. 동네 한가운데로 조그만 내가 흐르고 있다. 냇가 오른편은 양반들의 웅장한 기와집 네 채가 동네를 그득히 채운다. 주호 오빠와 나의 증조부 사형제의 집이다. 모두 울안에 옆집으로 통하는 문이 있어 대문을 나가지 않아도 집집을 다닐 수 있게 되어 있다. 냇가 왼편은 소작인과 머슴들 집이 옹기종기 모여 있다. 그러나 해방 이후 토지 개혁으로 땅은 생활을 유지할 수 있는 만큼만 남은 형편이고, 집들은 자손들이 모두 도시로 나가 버려 빈집같이 되어 있다.

내가 도착했을 땐 이미 예식은 끝나고, 부모가 없는 오빠는 집안 어른들께 폐백을 드리느라 높은 대청마루에 신부와 나란히 앉아 있다. 면도 자국이 파르스름한 그의 목이 두루마기의 하얀 동정에 싸여 하염없이 숙여져 있고, 귀골스러운 그의 몸은 허물어질 듯 앉아 어른들의 말씀을 듣고 있다. 그 모습을 바라보는 내 가슴이 왜 이리도 미어지는 것일까?

폐백을 끝내고, 조상님들께 결혼을 고하려고 모두 선산으로 갔다. 집성촌인 마을은 온 동네 사람들이 다 따라나섰다. 맨 앞쪽에는 머슴들이 바지게에다 돗자리와 음식들을 지고 가고, 그 뒤엔 그들의 아이들이, 그 뒤엔 문중이 모두 따라나섰는데, 그 줄이 10미터는 되는 것 같다. 나는 맨 뒤에 처져서 따라가고, 앞서가던 오빠는 자꾸만 뒤처져서 나와 나란히 걸어갔다. 신부는 어디다 내팽개쳤을까?

"행복하니?"

오빠가 퉁명스럽게 한 마디 던졌다. 나는 아무 말도 하지 않았다. 그렇게 나란히, 묵묵히 십리 길을 오갔다. 오빠의 마음속에 무슨 말을 숨기고 있는지 내가 모르고, 내가 무슨 말을 하고 싶은지 오빠가 모르는 체, 우리는 헤어져 나는 큰어머니 집으로 가서 잤다.

아침에 소란스러운 소리에 잠이 깼다. 토지 개혁 이후 주종관계는 없어졌지만, 여전히 드난살이를 하는 동주네의 목소리가 들렸다.

"아씨, 아씨, 주호 노련님이 신방에는 들어가 보지도 않고, 개평 댁 사랑에서 자고 새벽에 부산으로 가 버렸다는데요."

나는 무심한 척한다. 그리고 마산으로 돌아가는 버스 안에서 언제 부산에 갈 것인지, 계산해 보았다. 그러나 마산으로 돌아온 지 며칠 되지 않아 오빠가 죽었다는 소식을 들었다.

데모 학생 고문 사건에 얽혀 경찰서에서 문제가 생겼다고 했다. 학생을 물고문하던 형사를 오빠가 그 물속에 처넣어서 그 일로 해직

당하고, 그 밤에 일을 저지르고 말았다고 했다.

'결혼한 지 며칠 되지 않은 새 신랑이 왜 죽었을까? 신방에도 들어가지 않았다고 들었는데, 둘 사이에 무슨 문제가 있었나? 아니면 6.25 때, 부역했다고 지서에 끌려가서 당한 고문 때문에 자리에서 영영 일어나지 못하고, 그후 지서에 끌려가 총살당한 아버지를 생각해 낸 것일까?'

그때 나는 퍼뜩 생각난 것이 있어 책방으로 달려갔다. 오빠가 읽어 보고 꼭 답장을 보내달라고 한 책이 생각나서였다. 하지만 철 지난 월간지가 있을 리가 없다. 주인에게 구해 주기를 부탁해 놓고 집으로 돌아왔다. 허탈감에 빠져 나는 이제 살아야 하는 아무 목적도 희망도 없는 사람같이 느껴졌다.

'어떡해…'

나는 멍하니 같은 말만 되풀이하고 앉아 있다. 사랑하는 부모 형제, 살뜰하게 사랑해 주는 새신랑, 또 다정한 많은 친구가 있는데, 팔촌 오빠가 죽었다고 이렇게 야단스럽게 구는 것이 지나치다는 생각이 들었지만, 나 자신도 나를 어떻게 할 수가 없다.

책방에서 부탁한 「현대문학」 7월호를 가져왔다. 얼른 책을 펴 들었다. 〈우기의 시〉를 읽어가다가 더는 읽지 못하고 책상에 머리를 묻고 엎드리고 말았다. 마구 방망이질을 해대는 가슴을 손으로 쓸어 내리면서 '안 돼, 안 돼, 그랬으면 그랬다고 말을 하지… 죽기는 왜 죽어,' 한참 흐느끼다가 다시 책을 펴 든다.

성자의 사촌 오빠는 그날 밤, 어른들이 모두 집을 비운다는 사실을 미리 알고, 비가 억수로 쏟아지는 밤에 성자의 집을 찾아가서, 둘이는 몸과 마음으로 사랑을 다짐하고, 어른들이 오기 전에 성자는 보따리 를 챙겼다.

'바보, 바보, 애기 같은 것은 없어도 되는데, 그냥 둘이서만 멀리멀 리 가버렸이도 되는데…' 미로였어.

얼마의 시간이 지났을까? 밖에는 눈이 내리고 있다. 마산에서는 눈을 보기가 힘들다고 하던데 목화 솜 같은 함박눈이 창문을 가득 메워 시야를 완전히 차단하고 있다. 옆집 기와지붕도, 대문 옆에 얼마 전까지도 홍시 몇 개를 달고 있던 감나무도 보이지 않는다. 답답하다. 답답하다고 생각하니 더욱 답답하다. 앉아 있을 수가 없다. 현관문을 열고 밖으로 나갔다. 마당에도 어느새 눈이 소복이 쌓여 있다. 대문을 열고 나갔다. 온 천지가 눈으로 막혀 있다. 바다로 나가 볼까? 바다는 눈 속에 묻혀 있지 않겠지?

남편이 비번인 날 아침, 바닷가에 가본 일이 있다. 어부들이 밤새 잡아 올린 고기들을 바닥에 무더기 지어놓고, 근처 밭에서 캐온 채소들로 구색을 갖춰놓은 조그마한 시장이다. 사람들은 산책 삼아 이곳을 들르고, 아침 밥상에는 싱싱한 재료들로 만든 반찬을 올릴 수 있어 자주 들르는 곳이다.

댓거리(배가 닿는 선창가)로 길을 잡는다. 그러나 눈 덮인 벌판에서 길을 찾기가 쉽지 않다. 이쯤이 길이던가, 저쯤이 길이던가 헤맨다. 눈 덮인 벌판에 홀로 서니 입구도 출구도 없고, 시작도 끝도 없는 미로에 홀로 선 느낌이다.

미로는 길이 여러 갈래로 갈라져 매 순간 선택을 해야 하고, 선택의 시행착오는 인간의 운명을 말할 수 없는 나락으로 떨어뜨릴 수도 있다는 생각을 했다.

'나는 왜 종착역을 결혼으로 정했을까? 왜 부산으로 갈 생각은 해 보지도 않았을까? 부산으로 갔다면 오빠를 만나, 우리의 운명이 달라 졌을 수도 있었을 것인데….'

또 하나 시행착오는 읽어 보고 답을 보내달라고 한 「현대문학」 7월호의 〈우기의 시〉는 왜 읽어 볼 생각도 하지 않았을까? 그 책만 읽어 보았더라도⋯. 그렇듯 절절한 나에 대한 오빠의 마음을 짐작이라도 했었을 것인데⋯. 그리고 이제야 알게 된 나의 그 알 수 없었던 그리움의 실체가 오빠에 대한 나의 마음인 것을⋯. 그 마음을 오빠에게 전했었다면 그랬다면 오빠가 죽지 않았을지도 모르는데⋯. '그래, 오빠가 죽은 것은 다 나 때문이야. 내가 오빠를 죽인 것이나 다름없어.'

나는 눈 위에 쪼그리고 앉았다. 몸 위로 눈은 계속 내렸다. 쏟아지는 눈물이 눈을 녹인다.

'이대로 눈 속에 파묻혀 얼어 죽는다면, 아, 죽고 싶다. 죽어 버릴까? 죽으면 오빠를 볼 수 있는데⋯.

가만, 그런데 오빠는 지금 어디 있는 거지? 자살을 한 사람은 천당에 못 가고 지옥으로 간다고 하던데⋯. 악! 그러면 나도 죽으면 지옥? 갑자기 단테의『신곡』지옥 편에 묘사된 지옥의 불구덩이가 떠오른다. 지글지글 불타는 지옥 속의 두 사람⋯. 악! 무서워. 안 돼, 안 돼. 죽는 것은 안 돼.'

어느새 눈은 멎어있고, 바다 저편 수평선까지도 정겨운 작은 섬들도 시야 가득 펼쳐졌다. 가슴이 조금 트인다. 옷에 소복이 쌓인 눈을 털어내고 희미하게 찍힌 발자국을 따라 집으로 가면서 다시 생각에 잠겼다.

　그렇다면 천국은? 캄캄한 중에 불길이 치솟아 죄인을 지글지글 불태우는 지옥과는 반대로, 대낮같이 환한 빛이 휘황찬란하다는 천국은? 전쟁도, 질병도, 가난도 없다는 천국은? 어떤 존재와도 관계를 가지지 않는 곳이라고 하던데 남편도, 아내도, 자식도 없다는 천국은 다만 행복한 개체의 존재뿐이라고 하던데. 존재자의 행복과 불행은 관계에서 비롯되는 것인데, 모든 관계에서 자유로운 천국은 아름다움만이 있는 곳이 아닐까? 그리움이 밀려오면 안타깝고, 보고 싶고, 함께하고 싶은 이 마음도 천국에서는 아무 소용이 없는 감정이리라.

　'아! 그렇다면…. 오빠가 천국으로 갈 수 있게, 지금 내가 이생에서
　해야 할 일이 무엇일까?'

　사람의 사후 49일 동안 산 자가 죽은 자를 위하여 기도를 드려주고, 7일마다 7번 제를 올려주고, 마지막 7제 때, 49제를 올려주면 구천에 떠돌던 영혼이 마지막 7제 때, 그러니까 49일 만에 천국으로 간다고 하던데, 그럼 지금 내가 해야 할 일은 오빠의 영혼을 위해 열심히 열심히 기도해야 하지 않을까?
　집으로 돌아온 나는 7일마다 절에 가서 제를 올리고, 49일 만에

49제를 지내고, 남편에게 편지 한 장을 써 놓고 서울로 돌아오고 말았다.

　친정으로 갈 수는 없을 것 같아서 친구 석완을 찾아갔다. 사정을 다 들은 석완이 같이 있기를 허락했다. 아르바이트 자리를 구하기 위하여 여기저기를 돌아다니다가 집으로 돌아왔는데…. 어머니와 신랑이 석완이네 집 마루 끝에 앉아 있는 것이 보였다. 나는 놀라 뒤돌아 다시 나가려 하고, 그런 나를 어머니가 붙들고 등짝을 두들겨 팬다.

　"넌 대체 정신이 있는 애냐? 없는 애냐? 어디서 배워먹은 버르장머
　라냐? 가정을 가진 여자가 집을 나와 이것이 무슨 사위스런 짓거리냐?
　어서 집으로 가자."

　어머니는 나를 질질 끌고 가고, 신랑은 내 어깨를 끌어안고 어머니를 따라갔다. 집으로 돌아온 두 사람은 방으로 들어갔다.

　"여보, 그런데 당신은 왜 집을 나간 거야? 그럴 거면 왜 결혼을 했
　어?"

　나는 아무 말도 할 수가 없다. 지금 대체 무슨 말을 할 수 있단

말인가? 신랑은 밤새도록 이 말, 저 말로 나를 달래도 보고, 화도
내 보지만, 나의 묵묵부답으로 날은 밝았다. 신랑은 마산으로 돌아가
고, 나는 이불을 뒤집어쓰고 누워서 먹지도 않고 울고만 있다. 밥상을
들고 들어온 어머니가 말했다.

> "얘야, 말이나 좀 들어보자. 결혼한 지 얼마 되지 않은 네가 왜 집을
> 나온 것이냐? 신랑이 못살게 굴던?"

나는 아무 말도 하지 않았다. 어머니는 답답해 죽을 지경이었지
만, 내가 말을 하지 않으니 더욱 답답증만 늘 뿐이다.

> "이것아, 말을 좀 해 봐, 신랑이 이상한 것을 하던?"

여전히 꿀 먹은 벙어리 모양 입을 꼭 다물고 있으니, 어머니는
가슴을 쳤다.

며칠을 굶고 죽은 듯이 누워 있던 나는 일어나 밥을 챙겨 먹고
밖으로 나갔다. '내가 할 일은 먼저 배워서 혼자서도 살 수 있는
힘을 길러야 해.' 결심을 굳히고 먼저 학원 등록부터 했다. 등록비를
벌기 위해 낮에는 아르바이트를 하고, 밤에는 학원을 다니고, 집으로
돌아와서는 밤늦도록 복습 예습을 했다. 소원했던 대로 대학 국문과

에 합격을 했다. 열심히 글을 써서 신춘문예에 당선도 되었다. 졸업 후에는 원하던 신문사에 취직도 했다. 유능한 기자로 인정도 받았다. 20대였던 내 나이 60을 넘겼다.

치열한 삶이었다. 감성과 의지로 탄생시킨 나의 글들은 인정을 받았고, 수상이라는 영광을 나에게 안겨 주었다. 친구들이 결혼과 출산으로 모든 소망을 접고 아이들에게 매달려 아무것도 못 하고 있을 때, 나는 내 자신만을 위해서 열심히 뛰었다. 친구들이 남편의 실직으로, 또는 남편의 사업 실패로 집안 경제를 도맡아 책임져야 했던 그때, 나는 그들을 얼마나 불쌍히 여겼던가? 저런 남편이라면 없는 것이 훨씬 좋았을 것이라고, 일찌감치 결혼을 파투 낸 나를 대견하게 생각했었다. 쓰고 싶을 때, 아무의 방해도 받지 않고 마음껏 쓸 수 있을 때, 너무도 행복했다. 형제들이 아이들에게 휘둘려 정신없을 때, 나는 깨끗하게, 우아하게 나만 건사하면 되었을 때, 나는 우월감까지 느꼈다. 그리고 건강에도 자신이 있었다.

일생 꿀잠을 자던 나였었는데, 그런데 친구 환갑 잔치에 다녀온 이후, 불면은 나의 밤을 갉아 먹고 있다. 이제까지의 지평이 마구 흔들리는 느낌을 받았다. 사업 실패로 폐인이 되다시피 했던 친구의 남편은 어떻게 저렇게 훌륭한 사업가가 되었을까? 환갑상 앞에 친구와 나란히 앉은 남자를 쳐다보다가, 초대장을 다시 보니 친구의 남편은 어느 대기업 회장이라나? 또 그 지지고 볶던 아이들은 어떻게 저리도 늠름하게 잘 자라서 부모 앞에 절을 드린다고 서 있을까? 부러운 시선으로 한참 쳐다보던 나는 나의 훌륭한 작품들, 어떤 자식보다 훌륭하다고 생각했던 내 작품들을 떠 올려 보았다. '그래 나에게는 누구의 자식 못지않은 내 작품들이 있지 않은가?' 서가에 줄지어 있는 내 소중한 작품들을 떠 올리며 잠시 위로를 받는다. 그러나 저 작품들이 걸어 나와 환갑상을 차려 줄 수 있단 말인가? 절을 할 수 있단 말인가? 뒤척이다 또 잠을 놓친다.

그렇게 술술 잘도 써지던 글이 이제는 잘 써지지 않는다. 절필한 지 꽤 됐다. 신문사도 퇴직을 했다. 아무 곳에도 쓸모가 없는 노인이 된 것 같다. 다른 노인들은 이쯤 되면 자식들에게 의지하여 편안한 노후를 보낼 것인데, 나는 외톨이다. 왜 이런 상황이 올 것을 짐작 못 했을까?

형제들과 가족여행을 가도 나는 외톨이다. 매일 붙어 사는 식구들인데 나와서까지도 붙어 있어야 하는지? 형제들은 제 식구끼리 똘똘 뭉쳐서 논다. 잘 때도 큰 방 두 개를 얻어서 남자들은 남자들끼리, 여자들은 여자들끼리 자면 누가 혼내나? 못된 것들….

초등학교 들어가면서부터 어머니는 내게 독방을 주었다. 예쁜 책상과 책꽂이, 침대, 옷장이 갖추어진 방은 내 마음에 들었다. 가끔 밤에 조금 무섭기는 했어도, 그런 날 밤에는 베개를 안고 어머니에게 달려가면 어머니는 품에 품어 재워 주었다. 전 남편과의 두어 달을

빼고는 육십이 넘도록 독방을 써 왔는데, 이제 나는 독방이 싫어졌다.

20대 초반의 나는 정말 겁대가리 없이 모든 것을 내던지고 오로지 나의 꿈을 실현하기 위해 솔로가 되었다. 쓰고 싶은 글, 밤을 새우며 써도 누구 하나 방해하는 사람 없이 심혈을 기울여서 썼다. 오렌지빛 여명 속으로 아침 해가 떠오르면 밤새 썼던 글을 다시 한번 읽어 보고, 뿌듯함에 원고지를 가슴에 품고 얼마나 흐뭇해했던가? 그 작품이 인정을 받았을 때, 상장을 부여안고 또 얼마나 감격했었나? 이제야 그런 것들이 교감할 수 있는 생물이 아니라는 실감을 했다. 눈에서는 눈물이 흘렀다. 나는 잘 울지 않는 사람이다. 그런데 왜 이렇게 눈물이 나는 걸까? 문득 고등학교 때, 영어 선생님이 읽어 주던, 영국 시인 테니슨의 시 구절이 생각났다.

눈물이여

속절없는 눈물이여

나 그 뜻을 헤아리지 못하네.

어떤 거룩한 절망의 깊음에서 생겨나

가슴에 솟구쳐 두 눈에 고이는 눈물

행복한 가을의 들판을 바라보며

돌아오지 못할 날들을 생각할 적에

돌아오지 못할 그날들을 생각하는 사무친 마음이 눈물을 나게 하나 보다.

만물은 모두가 남들 살아가는 대로 살아야 한다는 것을 뼈저리게 느꼈다. 사람은 다른 사람들이 살아가는 대로 장가가고, 시집가고, 자식 낳고, 새들은 새들이 살아가는 대로 숲속을 훨훨 날아다니면서 살아가고, 왜 나는 그 심오한 진리를 이제야 깨닫는 걸까? 나는 무엇 때문에 그렇게 글쓰기에만 매달렸을까? 결혼생활을 유지해 가면서 자식을 낳고 글도 쓰면서 살 수 있는데 왜 그렇게는 살 생각을 하지 못했을까? 남들은 다 그렇게 하는데. 물론 주호 오빠에 대한 절절한 그리움 때문에 그렇게 되기는 했지만… 만사가 귀찮다. 꼼짝도 하기 싫다. 며칠이고 누워만 있고 싶다. 뉴욕 아버지에게 가는 것도 귀찮다. 그러나 나 밖에는 갈 사람이 없으니 하는 수 없이 가기는 가는데 만사가 귀찮다. 술로 세월을 보낸 지 오래다.

비행기는 어디쯤 날아가고 있는지, 오래된 옛날 생각에 골몰해 있던 나는 화장실에 가려고 일어섰다. 그때 오빠를 닮은 그 사람도 자리에서 일어섰다. 화장실에서 나오다가 그 남자와 마주쳤다. 놀라는 나를 보고 그 남자가 말을 걸어왔다.

"저를 아십니까?"

"아! 아니에요. 아는 분과 너무 닮으셔서요. 실례했습니다."

14시간의 비행 중 몇 번 마주치고, 출국장을 나오면서는 거의 나란히 걷게 되었고, 출구에 나와서는 그가 악수를 청했다.

"아는 분과 닮았다니 반가웠습니다. 안녕히 가십시오."
'안녕히 가세요. 오빠…'

고개를 숙이고 인사하는 내 눈에서 눈물이 방울방울 떨어졌다.
서울로 돌아온 며칠 후, 아버지가 돌아가셨다. 뉴저지의 알링턴 메모리얼 파크는 아버지가 눕고 싶은 곳이 아니었을 것이다. 스턴트가 풀렸다는 둥 말이 많았지만 팔을 걷어붙이고 해결해 줄 친척이 있는 곳도 아니어서 포기했다.
아버지 장례를 마치고 돌아온 나는 음주에 대한 명목이 생긴 것이 기뻤다. 아버지의 죽음을, 아버지의 부재를 슬퍼하기로 했다. 더욱 진하고 더욱 오래 가는 술을 마시면 슬픔도 술기운처럼 오래 머물렀다.
그러던 어느 날 술기운보다는 기억의 기운으로 광을 뒤지기 시작했다. 온갖 잡동사니로 꽉 찬 다락에 기어들어 가기까지 했다. 사흘쯤 지난 후, 나는 작은 보퉁이를 발견했다.

오래전 삼사십 년도 넘은 그때, 직지사에 가서 큰어머니가 주시는 보퉁이를 받아 오라고 했던 아버지의 말이 귓가에 들리는 듯했다. 보퉁이를 받으러 갔던 나는 허둥대느라 보퉁이를 가지고 오지는 못했지만….

큰어머니가 돌아가시고 난 뒤, 아버지는 가책을 받았는지, 그다음 백중날, 홀로 직지사를 찾았다. 자신도 병중인 몸을 이끌고….

아버지는 집 나갔던 치매 노인처럼 작은 보퉁이를 끌어안은 채 대문을 들어섰다.

"큰 스님이 주시더구나."

어떻게 글을 다 쓰셨단 말인가?

"일기처럼 글을 쓰셨던 게야. 오다가 기차 안에서 좀 읽었는데 거
참, 거참…."

아버지는 서재에서 머무는 시간이 길어졌다. 연필을 두 다스나 샀고, 제본용 원고지를 사다 날랐다. 미국으로 돌아가기 전까지 아버지는 알 수 없는 궁리로 새벽녘까지 연못가를 배회했다. 하지만 가족 어느 누구도 아버지가 무엇을 하고 있는지, 궁금해하지 않았다.

우리는 각자 너무 바빴다. 아버지는 뉴욕으로 돌아갔고, 보통이는 그 누구의 기억 속에서도 사라졌다. 누군가에게 누군가의 역사는 다이슨 청소기로도 빨아들이지 못할 그을음 같은 것으로 인식되기도 한다.

쭈그리고 앉은 채 보통이의 매듭을 풀었다. 낡은 책자 위에 놓인 두툼한 노트를 펼쳤다. 짐작대로 아버지의 필체였다. 큰어머니의 음성이 귓가에 들렸다.

"네가 영택 서방님의⋯."

아마도 아버지는 큰어머니의 사모곡에 역사를 입히는 작업을 하고 있었을 것이다. 그것이 미완성이기는 했어도.

그날 이후, 나는 2년 몇 개월을 더 살게 된다. 이제까지의 시간과는 조금은 다른, 자기 자신만을 사랑했던, 자기 자신의 일 밖에는 아무것도 관심이 없었던 자신을 반성하면서, 두꺼운 노트를 샀다. 노란색 스테들러 연필을 단정하게 깎아 가지런히 놓았다. 그리고 두 손을 모았다. 나의 양어머니의 일생이 너무 안타까워서? 아니면, 이제 작가로서의 마지막 작품이 될, 양어머니의 사모곡을 끝맺어야 한다는 사명감에서?

나는 마치 아버지처럼 오래된 아버지의 책상 앞에 앉았다. 나에게 작은 보퉁이는 연명하던 삶 속에 작은 휴지기를 만들어 주었다. 내가 정말 싫어하는 단어 희생, 운명 그리고 가족이라는 단어가 종종 힘들게 했지만.

　술병을 꺼내는 시간이 아주 조금씩 빨라지기 시작했다. 결국 어느 즈음에 이르러서는 냉장고 문을 여는 시간이 초저녁으로 앞당겨졌다. 그렇게 주량은 세 배로 늘었다. 연필을 쥔 손이 조금씩 떨리기 시작한 것은 언제부터였을까? 다가올 어느 날, 나는 하얗게 센 머리카락을 귀 뒤로 넘기면서 큰어머니의 '사모곡'에 종지부를 찍었다.

_ 경상일보 신춘문예 공모전 단편 응모작(2021년)

6.25전쟁 74주년에

　　내가 중학교 입학했을 때가 6.25 전쟁 1년 전이었다. 전국은 '반공'을 외칠 때였다. 학교에서 반공에 대한 표어를 지어 오라는 숙제를 내주었다. 나는 어떻게 하지? 한 번도 그런 것을 지어 보지 않은 나는 걱정이 되어 운동장에 나와 나무 밑에 앉아 생각에 잠겨 있었다. 그런데 그때 벌레가 꽃잎을 갉아 먹고 있는 것을 보고 '아, 이거다' 하는 생각이 났다. 우리는 무궁화, 이북은 벌레. "무궁화를 좀먹는 붉은 벌레 없애자"라는 표어를 지어 제출했다. 그런데 그 표어가 훌륭하다고 교실로 들어가는 건물 현관 앞에 크게 써서 액자에 걸렸다. 그리고 일 학년 때 담임이 국어 선생님이었는데 국어 시간에 자주 작문을 지으라고 하셨다. 그리고 내 작문이 잘되었다고 앞에 나가 읽으라고 하셨다. 그럭저럭 2학년이 되었고 그렇게 학교에 재미가 붙어 가고 있는데, 6월 25일 이북이 38선을 넘어 미아리고

개를 지나 서울로 들어왔다. 내가 열다섯 살 한국 전쟁이 일어났다. 그때 나는 겨우 중학교 2학년이었고 사상이 무언지 왜들 싸우고 있는지 아무 분간도 못 할 때였다. 그날은 일요일이라 학교에 가지 않고 집에서 게으름을 부리고 있는데 외출에서 돌아오신 아버지가 짐을 싸라고 하신다. 당장 입을 옷 한 두어 벌씩과 쌀 조금씩을 싸라고 하신다. 갑자기 무슨 짐을 싸라고 하시나? 영문도 모르고 짐을 꾸려서 우리는 집을 나섰다. 우선 종로에 있는 친척 집에 모여 하룻밤을 자고, 다음날 다 함께 경상도 고향으로 갈 예정이었다. 우리 집은 돈암동이다. 길로 나오니 이북 쪽으로 가는 미아리 고갯길이 군인들로 꽉 막혀 큰길로는 갈 수가 없어 성북동 고개를 넘어 혜화동으로 해서 종로로 갔다. 큰집, 우리 집, 고모님 댁 식구가 다 모여 종로 친척 집에서 하룻밤을 잤다. 부자라 집이 커서 그 많은 사람이 다 잘 수 있어서 다행이었다. 다음 날 아침에 일어나 길로 나가보았다.

길은 이상한 차들의 행렬과 그 차들을 향해서 만세를 부르는 사람들로 꽉 막혀 있고, 그 차에는 군인들이 "받들어 총"을 하고 서 있다. 그런데 그 군인들도 좀 뭔가 다른 듯하다. 그리고 군인들이 노래를 부르고 있는데 그 노래도 어딘지 낯설다. "높이 들어라! 붉은 깃발을!" 붉은 깃발? 나는 놀라서 집으로 뛰어 들어갔다.

집에는 어른들이 모두 마루에 모여 있는데, 심각한 표정들을 하시고 뭔가 의논들을 하고 계셨다. 한강 다리가 이미 끊겨서 이제 고향으로는 갈 수 없으니 다시 집으로 돌아가자는 결론이 났다.

집으로 돌아왔는데 집에는 낯 모르는 여고생이 우리를 반긴다. 숙명여고 학생이라는데 나는 모르는 사람이다. 부모님은 잘 아시는 사람인 것 같다.

"아저씨 아주머니, 이제 우리 조선이 인민공화국이 되었습니다. 축하하려고 이렇게 찾아뵈었습니다."

부모님은 못 들은 척하시며 아버지는 방으로, 어머니는 부엌으로 들어가신다.

다음 날 아침 화장실에서 나오시는 아버지와 내무서 직원이라는 사람이 대문 앞에서 딱 마주쳤다. 그는 아버지에게 수갑을 채우고 끌고 나갔다. 내무서로 끌려가신 아버지는 모진 고문으로 다리를 펴지도 못하시고 질질 끌고 집으로 오셨다. 아버지의 죄명은 웃기게도 "네가 경전에서 전기를 만들어서 우리 인민이 전기 고문을 당했다"는 것이란다. 아버지의 직업은 경전 자재과장이었다. 전기의 용도를 그런 해석으로 끌어다 붙이는 그들의 무지가 어이없고 기가 막혀 말도 안 나오셨다고 하신다.

수용할 공간이 부족하니까 우선은 풀어주었지만, 또 끌려갈 수도 있겠다는 생각으로 일단 피신하기로 하셨다. 아버지는 고향으로 갈까도 생각하셨지만, 경상남도 산청군 금서면 특리는 서울에서 진주까지 천 리, 거기서 또 백 리 길을 가야 한다. 차를 탈 수 있는 것도 아니고 걸어서 그 먼 곳을 가는 것은 말도 안 되는 일이다. 그러나 그보다 더 큰 문제는 그곳이 지리산 밑이라 낮에는 대한민국, 밤에는 공산당 세상이라고 한다. 생각하고 생각한 결과, 의정부 조금 지나서 덕정리라는 곳, 옛날 큰오빠의 가정교사였던 숙이 언니네 집으로 가셨다. 숙이 언니네가 부자는 아니지만 한 사람 먹이기에 그렇게 어려움을 겪을 정도는 아니라 비단과 금붙이 등으로 보답하고, 숙이네서 지내셨다.

집에 남은 우리들. 서울 살림이라는 것이 일 년 양식을 미리 준비하는 것이 아니라 월급 타면 한 달 양식 준비하고, 다음 달은 또 다음 달에 준비하는 생활이다. 6월 25일, 양식이 떨어질 말일경이라 집에 양식이 없는 것은 당연한 일, 어머니는 곧 시장으로 가셨지만 쌀집은 전부 문을 닫고 쌀을 파는 곳은 한 곳도 없었다고 빈손으로 집으로 돌아오셨다.

우리 집, 우리 집은 다른 집들과 조금 다르다. 아버지는 돈암동 넓은 땅에 고래등 같은 우리 집을 지었는데 다른 집들은 ㄱ자집, 아니면 일자집이거나 ㄷ자집이다. 그런데 우리 집은 비행기 모양이다. 앞부분은 사랑방, 안방, 부엌 그리고 가운데 부분은 마루 그리고 마루에 이어서 건넛방, 건넛방 앞은 정원인데 방문을 열면 바로 앞이 연못이다. 연못에는 물고기들이 놀고 정원에는 봄, 여름, 가을 사시사철 꽃이 피고 겨울에는 그 나무들 위에 눈이 내리면 그 또한 장관이다. 집 옆에 우리 집 반 정도의 공터를 남겨 두셨다. 장남인 오빠가 결혼하면 그곳에 집을 지어 같이 데리고 살려고 그렇게 하신 거라고 말씀하셨었다. 그 공터에 어머니는 여러 가지 채소를 심었다. 시골에서 어린 시절을 보내셨던 어머니의 취미생활이다. 그런데 우리 아버지는 이렇듯 아름다운 집을 꾸며놓으시고 왜 집에는 안 들어오시는 걸까?

아버지는 동경 유학을 마치시고 조선일보사 기자로 취직되어 귀국하셨다.

귀국하시는 아버지, 한 손에는 아기를 안고 한 손은 여자를 부축하고 공항에 나타나셨다. 그리고 그들을 공공연하게 집으로 데리고 들어오셨다. 우리들은 어려서 아무것도 모르지만 어머니는 어떠셨을까.

오래전 옛날의 우리 집 안방은 어른 둘, 아이 둘이 누우면 꽉 찰듯한 조그마한 방이고 건넛방은 그보다 더 작은 방. 방 둘 사이에 마루는 안방에서 건넛방을 한 발짝에 갈 수 있는 작은 집인데 그런 곳에 그 여자를 데리고 들어오셔서 어머니와 같이 살게 하신 우리 아버지.

아무것도 할 줄 모르는 그 여자는 항상 우두커니 서 있는 것이

본업이었다.

그럭저럭 해방이 되었다, 해방 후 춤바람이 불어서 아버지는 춤에 빠지셔서 노시다가 또 연애를 시작하셨고, 연애에서 그친 것이 아니라 살림을 차리셨다. 그리고 아들을 낳았다. 그 여자에게는 전남편과의 사이에 딸도 하나 있었다. 집에 있는 일본 여자는 남편의 냉대에도 굳건히 견디다가 해방 후 일본으로 돌아갔다. 아이를 둘씩이나 두고 떠나간 그 여자의 심정은 어떠했을까?

옛날 생각으로 정신을 팔다가 어머니가 돌아오시지 않아 걱정하고 있는데 어머니가 돌아오셨다. 쌀가게는 모두 문을 닫았고 쌀 파는 곳은 아무 곳도 없어 빈손으로 돌아오셨다. 쌀을 구하지 못해 아이들에게 죽도 겨우 끓여 먹일 지경이 되니까 어머니가 나서셨다. 돈은 없으니까 시집오실 때 가지고 오신 비단 옷감을 챙겨 가지고 의정부 쪽으로 가셨다.

의정부에서 옷감을 주고 쌀을 받아 집으로 돌아오신 어머니는 그 쌀로 밥을 지어 아이들에게 먹이시며 눈물을 흘리셨다. 아버지의 이중생활로 인한 고통으로 살이라고는 없는 마른 몸으로 그 먼 길을 가고 오신 우리 어머니, 나는 이 글을 쓰면서 울컥 치미는 설움에 한참을 멍하니 앉아 있었다. 오빠는 의용군에 끌려가서 집에 없고 나와 내 밑의 남동생은 볶은 콩을 받아와서 그것을 길에 나가 앉아서 팔았다. 그런데 배가 고픈 우리 남매는 파는 볶은 콩을 계속 집어

먹고 빈 그릇을 들고 집으로 가곤 했는데 그런 날에는 밤에 설사를 해서 어머니를 속상하게 해 드리곤 했다. 그 후로도 쌀이 떨어질 때쯤이 되면 쌀을 바꾸러 의정부로 가시곤 했다.

그럭저럭 여름이 다 지나가려 할 무렵 유엔의 참전으로 전쟁이 끝났다.

9.28 수복 후 서울은 언제 전쟁을 했었나 싶게 아무 피해도 없이 예전 그대로 평화로운 나날이 계속되었다. 아이들은 학교로, 아버지들은 직장으로 그렇게 가을은 지나가고 겨울이 되었다.

1월 4일, 중공군의 개입으로 서울 사람들 모두는 그 추운 겨울에 피난을 떠나야 했다. 중국은 왜 남의 나라 일에 참견이람! 우리는 아버지 회사인 경전 사장님 댁과 함께 피난을 떠났다. 사장님의 할아버지가 이승만 대통령과 함께 독립운동을 하신 분이라고 한다. 그런 관계로 대통령이 사장님을 경전 사장으로 추천했다고 들었다. 아버지는 사장님과 절친인 관계로 경전 자재과장으로 입사하시게 되셨다고 한다. 스리쿼터. 지금도 그런 차가 있는지 모르지만 스리쿼터는 트럭의 반 정도 되는 차인데 외부는 텐트로 가려져 있고 내부는 양쪽으로 사람이 앉을 수 있는 의자가 있는 차이다.

사장님 댁 5식구, 우리 9식구, 모두 14명이 그 차를 탔다. 의자 위에는 두 집 짐을 가득 실었기 때문에 사람은 모두 바닥에 앉았다. 차는 계속 달리지를 못하고 가다 서다를 반복한다. 조금 가다가

"쉬 마렵다"는 아이, "응가 마렵다"는 아이, 하루 종일 간 것이 대전이다.

대전 지점에서는 사장님 댁이 오셨다고 식사 대접을 해 주었다. 8조 다다미방을 내주어서 편하게 잘 수 있었다. 7명씩 2열로 머리를 맞대고 잤다. 편안한 하룻밤을 보내고 대전을 떠났다. 부산까지 가야 한다. 대구에 가까워졌는데 길에 차들은 꼼짝을 하지 않는다. 부산이 포화상태라 차가 더 들어갈 수 없다는 것이다. 들어갈 수 없다는데 어쩔 것인가. 우리는 대구에 사시는 어머니의 이모님 댁으로 가기로 했는데 어머니의 이모님은 다정다감하신 분으로 우리를 친 손자녀같이 잘해주셔서 우리 모두는 대구에서 편안하게 있다가 부산에서 아버지가 회사 차를 보내주셔서 부산으로 잘 들어왔다. 사장님 댁은 어떻게 했는지 기억에 없다. 아마도 대구 지점에서 해결해 드리지 않았을까?

부산 동대신동, 나의 제2의 고향 부산 동대신동!!!

우리가 살 집은 부산 지점에서 마련해 주었다. 이층집인데 일층에 방 3개, 2층에 방 3개인 집이다. 일 층은 우리가 쓰고 이층은 사장님의 비서가 쓰기로 했다.

우리는 큰집과 같이 부산으로 왔다. 그래서 큰아버지 큰어머니가 방 한 개를 쓰시고, 육조 다다미방에는 큰집 오빠 2명 우리 오빠와 내 남동생 그리고 서울에서부터 큰집에서 하숙하고 있었던 고종사

촌 오빠 그리고 오빠들의 친구인 진명여고 선생님 그리고 8촌이라는 대학생, 모두 일곱 명이 그 방에서 자고 공부하고, 그 방은 항상 전쟁터 같았다.

밤중에 자다가 으악 소리에 모두 잠을 깨곤 했는데 그것은 자다가 화장실 가던 사람이 사람을 넘어 지나가다가 밟아서 악다구니를 쳐서 그런 지경에 이른 것이었다. 그런 좁은 방에서 한전 사장, 서울대학교 의사가 나왔다. 그리고 방 하나는 부엌방인데 사람 둘이 누우면 꽉 차는 방에 어머니와 내 여동생과 나 그리고 꼬마 동생 둘, 이렇게 다섯 명이 자면 자다가 화장실에 갔다 오면 자던 자리가 없어지곤 하는 아주 작은 빙이다.

아버지는 아예 집에 들어오실 생각을 하지 않으신다. 한 달에 한두 번은 들어오셨는데 주무실 방이 없으니 오실 수가 없는 것이다. 어머니의 속마음은 어띠하셨을끼?

부산은 물 부족의 도시다. 본래는 어떤 상태였는지 모르겠으나 우물에는 항상 물이 없다. 피난민들 때문인가? 바닥에 고인 물을 퍼내느라 애를 쓰다가 종래에는 우물 속으로 사람이 들어가서 바닥에 자잘하게 고인 물을 긁어내기까지 했다.

그나마 우리가 사는 집은 우물이 없어서 옆집에서 물을 길어다 먹었다. 항상 우물 앞에는 물통들이 줄을 잇고, 줄은 줄어들 줄을 모른다. 그런데 이상한 것은 자기들만 먹어도 모자라는 물을 왜 피난민들이 득시글거리는 옆집과 나누어 먹는지? 서울깍쟁이가 그 이유를 알 수가 없는 것은 당연한 이치인가?

우물에 물이 있는지 없는지는 내가 알 바도 아니고, 나의 관심은 그 집 2층에 있는 그 집 조카라는 대학생이었다. 밤이면 방 밖으로 나와서 하늘을 우러러보면서 무슨 생각을 그리도 골똘하게 하는지? 시간 가는 줄도 모르고 서 있다. 내방에 난 창문 대각선 방향으로 그가 올려다보인다. 나는 방에 누워서 하라는 공부는 뒷전이고, 그를 올려다보는 것이 큰 즐거움이었다.

아직 어린 것이 이성에 대해서 무엇을 안다고 그랬을까?

아주 먼 훗날, 그는 내 남편과의 일 관계로 우리 집을 찾아온 적이 있었다. 그런데 언제 그런 일이 있었나 싶게 나는 아무렇지도 않게 그를 대할 수 있었는데 그는 어땠을까? 내가 그 옛날의 그 여학생이었다는 것을 알기나 했을까? 그리고 그 시절의 그 여학생의 존재를 알기나 했을까? 알았다고 하면 그 속 마음을 알기나 했을까? 다 지나간 옛날이야기다.

우리 집 2층에 사는 아주머니는 좀 특이한 분이다. 후줄근한 옷차림, 부스스한 머리모양, 신경질적인 말투와 인상 그런데 그 인상과는 다르게 어딘가 조금 다르다. 무엇이 다를까? 가끔 우두커니 앉아서 먼 곳을 바라보고 있는 자태? 아니면 상대방과의 대화에서 느끼는 교양? 꿈속에 있는 사람 같은 인상? 아무튼 보통 사람은 아닌 것 같았다.

세월이 지나 두 집이 인사를 나누고, 아이들이 친하게 지내고 같은 학교를 다니게 되고, 이것저것을 알고 보니 그 이층 아주머니는 우리 어머니의 옛날 음악 선생님이었다고 한다.

어머니는 결혼하시고 학교를 다니셨다. 시골에서 태어나신 어머니는 고향에서 국민학교만 나오시고 아버지와 결혼을 하시고, 아버지는 동경으로 유학을 가시고, 어머니는 여학교에 다니셨다고 한다. 그때는 결혼하고 학교를 다니는 사람이 많았던 시대라고 한다.

그 이층 아주머니는 아들이 세 명이다. 아주머니의 극성맞은 아들들은 노상 일을 저지른다. 동네 아이들을 울린다거나, 또래들과 싸움을 한다거나 그러나 그것은 어린애 장난이고, 대형 사고를 가끔씩 친다. 그럴 때 아주머니는 나오셔서 오히려 상대를 야단치시고, 미친 듯이 악을 쓰시고…. 그 지경에 이르면 상대는 슬그머니 뒤꽁무니를 뺀다.

어머니는 나에게 피아노를 가르치시라고 그 아주머니에게 부탁하셨다. 나는 글짓기가 재미있지, 피아노는 질색이다. 피아노 치러 간다고 나가서는 엉뚱한 곳을 돌아다니다 피아노 친 척하고 들어오곤 했다.

처음 부산에 피난 갔을 때는 학교에 가지 않고 집에서 놀았다. 얼마 후 각자 사는 동네에 있는 학교로 가라는 정부의 지시가 내렸다.

내가 사는 동네는 동대신동, 나는 동대신동에 있는 부산여중으로 갔다. 아무리 정부의 지시라 해도 학생을 들여보낼 교실이 있어야지…. 본교생으로 인원 맞추어 들여보낸 학생들 외에 더 들여보낼 여유가 어디 있을 것인가. 그래도 학교는 정부의 지시를 존중해서 구덕산 산자락에서 우리를 공부하게 해줬다.

부산은 춥지 않아서 만사 해결이고, 또 그때가 이미 2월에 접어들었으니, 강추위는 물러간 뒤이고 우리는 구덕산자락에서 공부는 뒷전이고, 너무도 신이 나서 지금 나라가 전시인지, 피난을 온 것인지 아무 생각도 없이 즐겁기만 했다. 철딱서니 없기는 지금도 마찬가지지만….

어느 만큼의 시간이 지난 후, 피난 내려온 각 학교에 학교를 시작하라는 정부 지시가 내렸다.

부산 보수동에 진명여중이 문을 열었다. 그때의 그 기쁨, 중학교 합격했을 때의 기쁨에 비할 바가 아니었다. 우리는 우리 학교에 갈 수 있어서 행복했는데, 지금 생각해 보면 그때의 우리는 너무도 불행했겠다는 생각이 든다.

우리 집은 동대신동, 학교는 보수동, 바로 지척이다. 내 학교가 있다는 행복감에 밤에도 학교에 갔다. 그러면 꼭 나와 같은 생각을 가진 친구가 있어서 그도 학교 현관문 앞 계단에 걸터앉아 노래를 부르고 있다. 그 친구는 참 노래를 잘 부른다. 나중에 이대 음대에 갔다. 그 뒤 음악을 계속했는지는 잘 모르겠다.

우리 할아버지는 일제 시대에 태어나셔서 초등학교서부터 일본 교육을 받으시고 졸업 후에는 경기도청에 취직하신 엘리트 직원이 었다. 계속 승진과 승진을 하시고 마지막에는 평안도 도지사가 되셨다.

그때, 아차! 내가 지금 무슨 짓을 하고 있는 거지? 정신이 번쩍 드셔서 자신을 돌아보기 시작하셨다. 그리고 평안도 도지사를 포기 하시고 그때부터 두문불출 집에만 계셨다.

할머니 돌아가시고 계속 혼자 계시다가 할머니 한 분을 모셔 왔다.

'유평 할머니' 사람들은 그분을 유평댁이라고 부른다. 심지어 큰며느리까지도 그렇게 부르라고 할아버지가 시키셨다고 한다.

유평댁은 심성이 곱다고 해야 하나? 조금 모자라다고 해야 하나 아무튼 있는지 없는지 모르게 조용히 있는 사람인데, 그 몸집이 하도 커서 한번 움직이려면 주변이 들썩거려 표시가 나는 사람이다. 그래도 할아버지는 그녀가 사랑스러우신지 그 큰 그녀를 애정 어린 눈빛으로 바라보신다.

유평댁은 할아버지에게 와서 딸을 하나 낳았다. 할아버지는 본래 딸이 두 명이다. 맞이로 딸 그리고 막내딸.

할아버지의 맏딸은 경상도에서는 제일 부자, 만석꾼 집 맏며느리 로 시집을 갔다.

경상남도 함양군 직각면 개평리 정 직각댁, 시어머니 안 계신 안 살림을 어찌나 잘 감당하는지, 모두 혀를 내둘렀다고 한다. 그런데 그런 훌륭한 엄마가 낳은 아들, 그 아들은 동경 유학을 가서 공부는 뒷전이고 여성 편력으로 세월을 보냈다고 한다. 기생을 셋씩 끼고 밤을 보내고, 귀국 후에도 전혀 집안일에는 관심이 없고, 논을 파는 것에만 재미를 붙여 계속 논을 팔아 노는 것에만 전력을 다했다고 한다. 재산이라는 것이 가만 놔두면 조금씩은 불어나지만 없어지기 시작하면 눈 깜짝할 사이에 줄 줄 다 나가버리는 것인 줄 그는 몰랐을까, 알고도 그랬을까.

말년에 우리 고모, 그 대단한 우리 고모는 셋방살이로 여생을 마쳤다.

그래도 고모의 둘째 아들은 서울대학을 졸업하고 동경에 유학 가서 박사 학위를 받았고, 서울대 교수로 자랑할 만하지만, 열 손가락이 다 멀쩡해야지 한 손가락이 아프면 열 손가락이 다 아픈 것을.

중학교 2학년부터 고등학교 2학년까지의 나의 부산 생활이 끝나고 서울로 돌아왔다.

효자동 종점, 전찻길을 사이에 두고 청와대와 이웃에 있는 학교, 어느새 나는 고등학교 3학년이 되었고 대학을 가게 되었다. 이화여자대학교 국문과에 합격을 했다. 합격이라고 하니까 대단한 합격을 한 것 같지만, 그때는 원서만 내면 다 합격하던 때였다. "아무튼 합격!" 기쁜 일은 기쁜 일인데 등록금이 문제다. '세 살 위'인 오빠가 3년 동안 군대에 나갔다가 제대하고 돌아와서 서울 공대에 합격했다. 그러나 그 합격은 그때도 대단한 일이었다. 어머니가 어렵게 말씀을 하신다.

　　"너희 둘이 다 합격을 해서 기쁜 일인데, 등록금이 문제구나. 한 사람은 내년에 가면 안 될까?"

　　어머니의 속마음을 나는 안다. 너는 조금 있다가 시집이나 가면 될 터인데…. 얼마의 시간이 지난 후 오빠가 말을 한다.

　　"제가 내년에 갈게요. 3년 쉬나, 4년 쉬나 거기서 거기예요."
　　"아니야, 오빠. 내가 재수를 할게."
　　"무슨 여자가 재수, 얼른 대학 졸업하고 올드미스 되기 전에 시집 가야지."

　　오빠의 배려에도 내가 재수를 하게 되었다. 그래서 나는 재수를 하게 되었고, 학원을 오가며 열심히 공부하고 있을 때이다. 낮에 집에 손님들이 오셨다. 그런데 분위기가 조금 이상하다. 내게서 시선들을 떼시지를 않고 계속 내 일거수일투족을 살피신다. 기분이

몹시 상했지만 손님을 두고 방을 나갈 수는 없어서 계속 방에 있었다. 그분들이 돌아가고 며칠 후 신랑이라는 사람이 집으로 왔다. 나는 모르는 척하고 집을 나가려고 했는데 어머니에게 붙들렸다. 그 사람은 나를 데리고 정릉 계곡으로 갔다. 그래도 싫지는 않으니까 따라갔겠지. 아니면 문밖으로 나가서 다른 곳으로 가버려도 되는 것을.

정릉에서 어느덧 점심시간이 되어 점심을 먹었다. 큰 교자상에는 상 가득히 음식이 차려졌다. 아니 두 사람이 먹을 양이 아니라, 열 사람이 먹어도 남을 음식을 앞에 놓고 나는 먹을 엄두조차 못 내고 쳐다만 보고 신랑은 어쨌는지 기억에도 없다.

계곡으로 내려와 사진을 찍는다고 부산을 떨더니 갑자기 내게로 와서 와락 끌어안고 얼굴을 비비고…. 정신이 나가 피할 사이도 없이 당한 일이라 가만 내버려두었다.

결혼은 속견 속결로 이루어져 결혼식을 마치고 하룻밤을 집에서 자고 그다음 날 마산으로 갔다.

신랑은 한전 마산 발전소 근무를 하는 사람으로 공대를 졸업하고 한전 입사 시험에 합격하여 입사해 일 년 반 동안 인천에서 훈련받고 마산 발전소로 발령받아 근무한 지 2년 반 되었다.

신랑이 준비한 신혼집은 두 사람이 잘 요를 깔고 나면 공간이 한 뼘도 남지 않는 아주 작은 방 한 칸과 주방이라고 하기에는 조금 그렇고, 부엌이라고 하면 더 어울리려나? 부엌이 따로 있는 것이 아니라 방에 불을 때기 위한 아궁이가 있는 곳의 그 위에 판자로 지붕만 만들고 벽은 없는 부엌. 그리고 수도가 있는 것이 아니라 마당을 한 바퀴 돌아서 우물이 있는데 그 물을 길어다 밥을 해야 한다.

솔직하게 말해서 나는 밥을 한 번도 해 본 적이 없다. 항상 집에는 식모가 있었다. 동생들이 어렸을 때는 식모가 두 명씩 있었다. 그리고 초등학교 다닐 때는 내가 몸이 약해서 도시락도 죽을 끓여서 점심시간에 식모 언니가 가져다주었을 만큼 나는 부엌살림을 해 본 적이 없다.

서툰 실력으로 살림을 꾸리며 어느덧 결혼한 지 5개월이 지났다. 그런데 아직 임신을 하지 못하고 있다. 어머니와 함께 이대부속 병원을 갔다. 그리고 임신이라는 말을 들었을 때는 거짓말이라는 생각에 믿지 못했다. 그러나 '임신'이라고 한다. 그때의 그 안도감이란? '말로 표현하기가 어렵다, 어린 것이! 무엇을 안다고…' 그해, 11월 26일에 3.45킬로그램의 건강한 아들을 낳았다. 돈암동 친정에서 한 달을 몸조리하며 쉬다가 마산으로 갔다.

아이까지 있는 어미가 이런 말질을 해도 되는지는 모르겠으나 시댁 이야기를 조금 해야 되겠다.

내가 결혼했을 때, 아버님은 어머님을 일찍 보내시고 새 부인과 결혼한 지 얼마 안 되셨고 백일 된 아기가 있는 신혼부부였다. 그래서 나의 결혼은 모두 신당동 큰형님 주관 아래 치러졌다. 그리고 새 시어머니는 결혼식에 오시지 않았다. 결혼식을 다 끝내고 마산으로 내려갔다. 며칠 뒤 시부모님이 마산에 오셨다. 놋 반상기 한 벌을 가지고 오셨는데 그것이 내가 시댁에서 받은 유일한 유산이다.

그 놋 반상기는 일제 강점기 때 일본이 전쟁 무기를 만들려고 집집을 뒤져서 빼앗아 가던 시절의 물건이다. 돌아가신 시어머니가 그 반상기를 뺏기지 않으려고 무진장 애를 쓰셨다고 한다. 땅에 묻혀있던 반상기는 놋 반상기인지 녹 반상기인지 알아볼 수도 없이 변해 있었다. 그것을 닦지도 않고 그대로 우리에게 주셨다. 후일 나는 그 놋 반상기를 아들에게 주었는데 나도 닦지 못하고 그대로 주었다. 아들은 아무 말 없이 그대로 그것을 받아 갔는데 이때까지 지니고 있는지 잘 모르겠다. 집수리를 몇 번 하면서 버리지는 않았을까 궁금하지만 나는 이제 내 선을 떠난 문제에는 관심을 쓰지 않기로 했다.

큰시누님 댁은 우리 교회 바로 앞에 있다. 교회에서 한 오 분 거리다. 처음 서울로 이사 오고 나서 주일이면 시누님 댁에 놀러 가곤 했었는데, 가면 교회 가시고 아무도 안 계셨다. 집에는 밥하는 아주머니가 교회 갔다 오시는 분들을 위해 점심을 준비하고 계신다. 교회에서 돌아오신 시누님은 우리를 반겨 주시기는 해도 "교회를 다녀라"고 한다거나 또는 다른 잔소리는 일절 없으시고 잘 챙겨 주시고, 다정하게 대해 주시고, 집으로 갈 때는 아이들에게 돈도 주시고 하는 분이시다.

그런 시간이 지나다 보니 나도 슬그머니 교회나 한번 가볼까 하는 생각이 들었다.

그렇게 가기 시작한 교회. 그렇게 심심풀이로 간 교회. 어느 틈에 나는 성경 말씀에 심취해서 신구약 성경 말씀 세 번을 필사했다. 그리고 여신도회 일도 열심히 했고, 정말 열심히 살았다.

아들은 대학 입학하고 미팅에서 만난 여자 친구와 계속 만나왔다. 둘의 사이가 어떤지 나는 알 수 없었지만 유학도 같이 가고 유학 가기 전에 결혼도 하고 싶다고 한다. 다 큰 아들 내가 뭐라고 한다고 들을 아이도 아니고 또 여자 친구를 소개시켜 주는데 깔끔한 아이가 순진해 보이고 별로 나무랄 데가 없어 보여서 그렇게 하기로 했다.

그렇게 유학을 떠난 아들은 공부를 하러 간 것인지 아이를 낳으러 간 것인지 유학 가서 얼마 안 있어 첫째 아들을 낳고 금새 둘째 아들도 낳았다. 둘의 고생이 어떠했는지는 알 수 없지만 그래도 박사 학위를 받고 대학교수로 초빙되어 한국으로 돌아왔을 때는 정말 가쁘고 대견했다. 방이동에 39평형 아파트를 사서 서울 살림을 시작했다.

남편이 사업이 힘들다는 소리를 가끔 했어도 그렇게까지 된 줄은 몰랐다.

잘 돌아가던 부천 공장이 넘어가고 청담동에 노후를 위해서 마련한 157평 주택이 넘어가고…. 그동안 열심히 살아온 모든 것이 다 사라졌다. 그렇게 회사는 부도를 맞았다. 남은 것은 현재 살고 있는 집뿐이다.

채권자들이 공장에 있는 쓸만한 기계들은 다 가져가고 허접한 쓰레기 기계들만 두고 간 것을 긁어모아 부천 변두리로 가서 조그마한 공장을, 세를 얻었다. 그리고 기계들을 들여놓고 일을 시작했으나 그런 공장에 계속해서 일을 맡기고 싶어 하지 않는 본사들의 횡포 때문에 일거리가 없어 일을 하지 못하고 공장 직원들 또한 놀고 있는 것을 견디지 못하고 하나씩 둘씩 나가버리고….

너무도 힘든 때를 보내고 있던 남편은 그래도 회사를 열심히 꾸려 가고 있었다.

그날 아침, 남편은 회사에 기고 나는 일이 있어 나갈 준비를 하고 있는데 전화가 왔다. 남편이 교통사고로 병원에 있다는 전화였다. 나는 대수롭지 않게 생각하고 병원으로 갔다. 그런데, 그런데 말도 안 돼. 어떻게 내게 이런 일이…. 아니야! 아니야! 나는 하얀 천으로 얼굴에서부터 온몸을 가리고 누워있는 남편을 보는 순간 그의 위에 엎어져 울부짖었다.

"아니야. 안 돼! 아니야! 안 돼!"

울부짖는 나를 간호사들이 문밖으로 끌고 나갔다.

어느 만큼의 시간이 지나간 후 나는 이 세상을 떠나간 남편이 불쌍한 것이 아니라 내가 불쌍해서 다시 울기 시작했다.

한 많은 이 세상 그리 오래 살아 무엇하나, 떠나고 싶은 생각은 나도 가끔씩 들지만, 할 일이 아직 많이 남아 있으니 열심히 살아야지 그렇게만 생각했었는데 나로 해서 슬픔을 당할 사람을 생각한다면 죽는 것도 내 마음대로는 할 수 없는 일.

온 산이 하얀 눈으로 덮인 그곳에 그를 두고 아들에게 의지하여 산을 내려오는 내 신세가 하도 딱해 나는 울고 또 울고 있다.

나는 사회생활을 한 번도 해 보지 않고 결혼했다, 결혼하고 곧 아이를 낳았고 이제까지 돈은 십 원도 벌어본 적이 없다. 그런 나보고 회사를 맡으라고, 내가 어떡하라고… 그런데 사정은 딱하다.

큰아들은 미국에서 박사 학위 받고 돌아와서 대학교 교수로 재직 중이고, 작은 아들은 대학 졸업하고 대기업에 취업해서 지금 스페인 지사에 나가 있고, 그러나 그것보다 문제는 둘이 다 사업에는 관심이 없다고 하고, 딸은 이제 고등학교 3학년인 아직 미성년자이다.

할 수 없이 내가 회사에 나가기로 결정이 났다. 밀린 결제 서류가 한자 높이로 쌓이고, 나는 그것을 아무리 봐도 뭐가 뭔지 도무지 아무것도 모르겠다.

서류를 놓고 나갔던 직원이 다시 들어와서 한참을 서 있다가 말을 꺼낸다.

"사장님, 죄송한데 제가 사장님을 조금 도와드리면 안 될까요?"

나는 그 직원을 쳐다만 보고 아무 말도 하지 않았다. 직원은 그것을 허락으로 생각했는지 "사장님, 이거는 이렇고 저거는 저렇고…" 한참을 설명하고, 직원은 나가고 나는 그래도 뭐가 뭔지 도무지 몰라서 직원이 설명한 것을 다시 생각해 보며 대충 도장을 찍었다. 서류라는 것이 이렇게 하는 것이니 알아라 하는 것이지 그것에 도장을 찍어서 큰일 날 것은 아니라는 생각으로 그렇게 했다.

세월은 지나가고 회사 가는 것도 싫지는 않고, 직원들과 말도 섞고, 그럭저럭 날들은 지나가고 있다.

그런데 이상한 일도 다 있다. 남편이 있을 때는 회사가 많이 힘들었다. 그런데 그 촌구석으로 이사를 갔는데도 매출이 나날이 늘어가고 직원들도 회사를 떠날 생각은 하지 않게 되고 나도 회사 가는 것이 싫지 않고 평화로운 날들이 지나가고 있었다.

회사는 아무 탈 없이 잘 운영되고 있고 자식들은 모두 출가해 나에게는 많은 시간이 생겼다. 그때 나는 다시금 나의 꿈을 되돌아봤다. 아! 내가 그렇게 쓰고 싶던 글을 써야겠다. 나는 중대 문창과를 다니기로 결심한다. 그리고 문창과를 다니며 많은 글을 썼고, 6.25

전쟁이 끝나고 74년이 지난 지금 나는 중학교 2학년 소녀가 되어
계속 글을 쓰고 있다.

어머니

어머니에 대한 기억은 고운 한복을 입은 자태이다. 진보라 바탕에 연보라 무늬 치마를 즐겨 입으셨다. 하얀 앞치마를 두르고 집안을 오가던 모습은 가장 아름다운 것으로 기억된다.

그리고 또 하나 최후의 기억은 돌아가시기 전의 모습이다. 오랜 투병 생활을 이기지 못한 초췌함은 바라보기도 민망한 모습이었다. 긴 세월의 풍상을 견뎌낸 늙은 고목나무의 버석거리는 소리를 내 어머니에게서 느낄 때마다 젊고 예뻤던 지난 모습을 잊어버리지 않으려고 애를 썼다. 어머니는 경남에 있는 화촌이라는 마을에서 태어나셨다. 지리산 끝자락에 있는 아늑하고 고요한 마을이었다.

대동아전쟁 말기 때, 우리 가족은 외가로 피난을 갔다. 새벽녘이면 대숲에서는 참새 떼가 울고 희붐한 산안개가 마을까지 내려오면 어머니는 이불을 털고 일어나셨다. 그리고 푸성귀 소쿠리를 허리에 끼고 개울가로 나갔다. 산골짜기에 흘러든 물줄기들은 동네 어귀에서 한줄기로 만나 커다란 내를 이루었다. 골짝에서는 연기가 피어오르고 밥 익는 냄새가 한 솥을 올라오면 어머니는 솥뚜껑을 열고 고추며 계란을 쪘다. 밥과 함께 향기가 어우러지면 뒤척이듯 이불 속에서 빠져나왔다. 아침을 먹고 나면 빨래를 이고 다시 개울가로 간다. 그땐 나도 어머니 치맛자락을 붙들고 따라나섰다. 방망이로 빨래를 두들겨 패고 쭉 펴서 잡고 흔들면 찌든 때가 응어리와 함께 흐르는 물속으로 빨려 들어갔다.

어머니는 전쟁이 일어나기 전까지 어려움 없이 사셨다. 전쟁은 어머니를 강인한 여인으로 만들었다. 혹독한 식량난이 들었고 먹고사는 것이 가장 큰 일이었다. 납치된 남편과 의용군으로 끌려간 자식의 생사는 가슴 조이는 기다림과 슬픔이었다. 그 가운데 어머니는 가족의 생계를 이끌어 가야 하는 가장이 되었다.

육 남매를 굶기지 않는 일이라면 백 리 길도 멀다 않고 달려갔다. 그때 너무 고생한 탓인지 힘들게 산 세월의 흔적이 병으로 남았다. 어머니는 말년에 치매와 고관절 골절로 대수술을 여러 번 받아야 했다. 고생과 눈물로 살아오신 어머니를 위해 아무것도 해 줄 수 없는 무력한 마음으로 병원을 들르곤 했다. 어느덧 일이 바쁘다는 핑계가 생기고 병원을 찾는 횟수도 줄어들었다. 긴 병에 효자 없다는 말이 우리에게도 예외일 수는 없었다. 결국 중환자실에 누워 산소

호흡기에 생명을 의지했다. 긴 투병 생활을 끝내고 어머니가 돌아가시던 날은 슬픔보다는 오히려 담담한 마음이었다. 그러나 시간이 흐르고 한 해 두 해 세월의 흐름과 더불어 어머니가 없는 공간은 조금씩 넓어져만 갔다. 가슴 밑에서 밀려오는 그리움은 다시는 그 모습을 볼 수 없는 영원한 것이었다.

늙어갈수록 잔소리가 많아지고 자식에게 섭섭함이 드는 것도 어머니의 모습을 닮아가고 있다. 또 얼마 전 잠시 병원에 입원해 보니 나도 한없이 아이가 되어 갔다. 문 여는 소리에도 고개를 돌리고 자식들이 와주지 않을까 하염없이 기다려진다. 어머니도 나를 이렇게 기다렸을 거라 생각하니 눈물은 더욱 뜨거워졌다.

외가 옆에는 '상림'이라는 숲이 있다. 그 숲은 1,100년 전 당시 함양 태수를 지냈던 최치원이 조성한 인공림이었다. 해마다 일대가 홍수로 인한 피해가 잦아지자, 둑을 쌓고 그 위에 나무를 심었다. 그리고 천년 세월 동안 파괴와 생성을 거듭하여 천연기념물로 지정되었다. 그 숲에는 뱀이나 해충이 없는 특이한 점이 있다. 전설에 의하면 최치원의 노모가 숲에 산책을 나와 뱀을 보고 무척 놀랐다고 한다. 최치원은 신통력을 발휘하여 뱀과 해충을 모두 사라지게 했다는 이야기이다. 믿기지 않는 전설이지만 어머니에 대한 효심이 그에게서 그런 힘이 나오게 했다면 그 얼마나 간절한 효심이었을까! 내 어머니께 조금이라도 그런 마음가짐을 가졌더라면 그렇게 많은 병치레를 하지 않으셨으리란 후회가 든다.

바람이 시려오는 것은 나이 탓일까. 세월이 변해 나 역시 자식과 떨어져 사는 것을 당연시했다. 그러나 자꾸만 기대고 싶은 것이 자식의 어깨임을 느끼고 할 때마다 나는 깜짝 놀라고 만다.

가을이 가기 전에 어머니 산소에 다녀와야겠다. 생전에 좋아하던 한 아름 꽃을 안고 가면, 발자국 소리에도 나를 알아보시겠지. 내가 내 자식의 발걸음을, 눈을 감아도 기억하듯이….

_ 제13회 서울시 여성 백일장 가작(2002년)

나, 민윤숙을 기억해 줄
사랑하는 사람들에게

윤달의 딸, 윤숙

내 이름 민윤숙은 윤달 윤, 맑을 숙. 20년 만에 찾아온 윤달과 어머니 이름에서 따온 숙 자를 더해 내 이름이 되었지. 5남 2녀 중 둘째로 자랐단다. 어머니는 경상남도 함양 촌 동네에서 잘 사는 집 맏딸로 태어나 국민학교 졸업한 아주 요조숙녀에 현모양처 같은 분이셨지. 아버지는 경상남도 산청 작은 마을에서 도지사를 지낸 유복한 집에서 모자람 없이 자란 분이었어.

아버지는 결혼 후 큰 오빠, 나 이렇게 둘을 낳고 동경으로 유학을 다녀오셨어. 대학을 마치고 「조선일보」에서 기자로 일하셨지. 아버지는 멋쟁이에 여자들에게 인기도 많았단다. 요즘으로 치면 자유연애주의라고 해야 하나. 어머니 외 다른 여자들 사이에서 얻은 형제를 둘이나 남겨 주셨거든. 그 시절 가족사에 빠지지 않던 흔해 빠진 이야기이지만 나이를 먹고 돌아보니 나에게는 절대적 사랑이었던 아버지가 어머니에게는 다르게 비춰졌을 것 같아. 어려서는 몰랐거든. 아버지를 향해서는 비판적인 생각을 단 한 번도 가져본 적이 없었으니까. 결국 사람은 누구나 다양한 면을 가지기 마련이고 아버지 개인이 가진 인간적인 매력은 가족을 힘들게 하는 면과 늘 공존할 수밖에 없었지.

나는 종로구 팔판동에서 태어나서 태극당으로 유명한 돈암동에서 자랐어. 성신여중에 진명여고를 나왔어. 돈암동에서 전차를 타고 원남동에 내려서 걸어 다닌 기억이 또렷해. 나는 아버지를 쏙 빼닮은 딸이라 아버지 사랑도 남다르게 받으며 자랐어. 장남보다 나를 더 예뻐라 하셨지. 옛날 교복 중에도 구레바라는 게 있었거든. 아주 고급 양복 기지 원단인데 내 교복은 꼭 구레바로 맞춰 주셨단다. 어머니가 조금이라도 나를 나무라기라도 하면 부부싸움으로 번지기도 했어. 왜 윤숙이를 타박하느냐며 말야. 결국은 그 화가 나에게 번져오기 십상이었지만. 그래서였는지 어머니는 경쟁하듯 오빠에게 특별히 더 마음을 쏟았어. 어머니 사랑을 독차지하던 장남이 한참 창창한 나이 마흔둘에 죽고 어머니 마음에 스며든 슬픔이 얼마나 깊고 컸을 지 나는 다 가늠이 안 돼.

어려서 뿐 아니라 내가 다 자라 결혼하는 날까지 아버지 사랑은 늘 한결같았어. 요즘 말로 아버지는 딸 바보였지. 글솜씨만큼이나 그림 솜씨도 빼어난 분이었는데 결혼 선물로 아버지 고향 산청을 동양화풍으로 직접 그려서 큰 액자에 넣어 선물로 주셨어.

산청은 나에게도 의미 깊은 곳이란다. 아버지 오 남매 이야기를 듣고 각색해서 소설로 쓴 내 장편소설의 제목도 〈산청〉이었으니까. 지금까지도 집에 걸린 그림을 바라보며 자주 아버지를 떠올리곤 해. 아버지가 베풀어 주셨던 사랑 평생 잊지 말라고 그림으로 남겨 주셨나 봐. 아버지의 무조건적인 사랑 덕분이었을까, 사랑받는다는 게 어떤 건지 알았기 때문에 타인을 사랑할 수 있는 마음을 배운 것 같아. 받아 본 사람이 줄 수 있다고들 하잖아. 내가 아버지로부터 배운 사랑은 더 믿어주고, 더 기다려 주고, 더 존중해주는 사랑이었어. 오빠는 아버지를 늘 어려워했지만 나는 아버지를 대하는 마음이 한결같았거든. 아버지는 그냥 아버지이고 사랑 그 자체였어. 나라는 존재를 그 자체로 사랑해 주시는 분.

문학적 성취, 출판의 기쁨

기자였던 아버지의 피를 내가 이어받았는지 나는 글쓰기에 일찍이 두각을 나타냈단다. 중학교 담임을 맡았던 국어 선생님은 작문

시간마다 앞으로 나와서 내가 쓴 글을 낭독하라고 시키셨지. 선생님의 격려와 칭찬이 문학의 꿈을 포기하지 않도록 나를 여기까지 이끌었던 게 아닐까 생각해. 육이오 사변으로 피난 후 돌아와서 적성대로 이대 국문과에 진학을 했어. 의용군 갔던 오빠가 나랑 같이 복학을 해야 했었는데 둘을 동시에 대학 공부 시킬 형편은 아니었단다. 오빠 먼저 서울 공대로 복학하고 이어서 내가 결혼하면서 대학 공부는 결국 마치지 못했어.

20년 전에 "혼불문학상"이라는 창작 공모전이 있었는데 당시 돈으로 상금이 7천만 원이었어. 거기에 작품을 하나 써냈는데 297명 중 17명 안에 뽑혀서 입선을 했지. 상금은 없었지만 얼마나 대단한 일이야. 뒤늦게 중앙대학교 문예창작과에 진학하고 교수님께 내가 쓴 글을 보여드렸는데 극찬을 하셨단다. 같이 학교를 다녔던 동기 중에도 나이를 제법 먹은 사람들이 있었는데 그중에서도 내가 제일 연장자였어. 만학도였지. 처음 쓴 장편소설은 극찬을 해 주셨던 교수님께서 출판해 주셨어. 그리고 그동안 써서 모아둔 7편의 단편들은 아들이 한 권으로 묶어 출판해 주겠대. 이게 마지막이라고 생각했었던 것 같아. 이전에 욕실 문턱을 밟고 뒤로 넘어져서 다치고 나서는 기력도 기억력도 예전 같지 않아서 다시 글 쓸 엄두가 나지 않았거든.

수용과 기다림의 힘

우리 7남매 중 나만 유일하게 중매로 결혼을 했어. 공대를 나와서 한전을 다니는 굉장한 양반 집안의 아들이라고 듣기만 했지, 얼굴도 한 번 못 보고 스물셋에 결혼했어. 그렇게 결혼 후 삼 남매를 낳고 삼십 년을 살다가 남편은 쉰일곱에 갑자기 교통사고로 먼저 저세상에 갔지. 남편은 참 지혜롭고, 성실하고, 책임감 있는 사람이었어. 늘 수용적인 태도로 내 이야기에 공감해 주었단다. 월급을 가져와도 내가 얼마를 쓰는지 어쩌는지 간섭 없이 다 믿고 맡겨 줬어. 아이들을 대할 때도 이거를 해라, 저거는 하지 마라 잔소리 없이 그저 있는 그대로 가만히 기다려 주는 사람이었지. 열네 살에 어머니를 잃고 새어머니와 누이들 손에 자라서 사랑이 고팠던지 자기 가정을 정말 소중하게 여길 줄 아는 사람이었어. 결핍 때문에 가족의 소중함을 모르고 모두를 불행으로 밀어 넣는 아버지들이 당시에는 흔했잖아. 아들을 둘 낳고 십 년이나 지나 얻은 귀한 늦둥이 딸이 아버지를 너무 일찍 잃어서 마음이 아파. 같이 살던 시절 나는 그게 행복인지도 몰랐지. 그냥 결혼하고 다들 이렇게 사는가 보다 생각했었어. 더 살아보고 주변도 돌아보면서 내 삶이 얼마나 편안하고 풍족했는지 깨닫고는 늘 감사하고 또 감사한 마음이야.

우애와 도전

시댁 식구들도 나에게는 참 귀한 인연들이야. 남편의 10남매와 일찍 돌아가신 시어머니를 대신해서 시아버지와 함께 아이들을 키워주신 새 시어머니까지 나를 늘 편히 대해 주셨어. 어르신 두 분은 우리 결혼생활 일절 간섭없이 고향에서 지내셨지. 남편이 한전 마산 발전소에 근무할 당시 5.16 군사 정변이 일어났어. 군사 정권이 들어서자 가장 먼저 한 일은 곳곳의 군 미필자들을 색출해서 핍박하는 일이었지. 첫째가 갓 돌 지났을 무렵 군 미필자였던 남편은 한전에서 쫓겨나고 말았어. 거창 시부모님 댁으로 내려가자는 말에 나는 군말 없이 따라나섰단다. 온 나라가 쑥대밭이던 시절, 참 철없는 이야기지만 나와 남편은 아기 안고 산과 들로 다니면서 걱정 없이 지냈어. 거창에서 3개월을 지내고 큰시누가 방을 2개 얻어줘서 서울로 올라왔지. 시동생은 결혼할 때까지 몇 번을 이사하는 동안 떨어지지 않고 우리 가족과 함께 살았어. 우애가 굉장한 남매들이었거든. 그때 그 시동생이 훗날 LG화재 사장까지 했단다. 군대 문제로 취업이 힘들었던 남편도 일본과 합작으로 설립한 세이코에 입사 했어. 중학교 때 해방이 되었으니, 학교에서 배운 일본어가 유창했을 거 아냐. 기계과 전공에 일본어로 소통이 가능하다 보니 바로 세이코 공장장으로 취업을 했지. 나중에는 본인이 직접 납품하는 사업을 시작했는데, 남편이 일찍 떠난 후에는 내가 사장을 맡아 큰시누 아들과 함께 회사를 지켰지. 시댁 식구들의 끈끈한 우애가 내 삶을 무난하고 평탄하게 지켜 주었던 것 같아.

살아가며, 어울리며

한 달에 한 번 인문학 공부도 하고 저녁 식사를 같이하는 중앙대학교 문인 동문 모임이 있어. 또래보다 한참 어린 친구들이 많이 있지만 스스럼없이 대화가 아주 잘 통하지. 내가 쓴 소설 〈산청〉도 같이 읽고 서로 의견을 주고받았단다. 내가 보기보다 수다쟁이라서 모임에 가면 쉬지 않고 이야기를 하고는 해. 밤 12시가 넘도록 수다를 떠는 날도 있었다면 믿을 수 있겠니? 매월 제일 손꼽아 기다리는 날이 바로 그날이야.

2년 전까지만 해도 정말 건강은 자신 있었어. 이제 병은 없는데 식사량이 예전만 못한 것 같아. 예전에는 살찔까 봐 꾹꾹 참고 80%만 먹었는데 이제는 애써 먹어도 20% 정도 먹으면 그게 다야. 얼마 전 담낭에 문제가 생겨서 잘라내는 수술을 한 뒤로는 소화 기능이 많이 떨어져서 더 이상은 안 들어가더라고. 늘 기운이 없어서 집에서는 누워만 지냈지. 처음에 데이케어라는 곳에 와 보고는 어떻게 나를 이런 곳에 보낼 수가 있나 기가 찼어. 지금은 마음을 고쳐먹고 여기 매일 와서 식사도 제때 하고 사람들 사이에서 함께 어울리려 노력하고 있지.

내가 애써서 선택한 게 아니었는데도 좋은 인연들이 내 삶을 보호해 주고, 아껴주고, 지켜 주었어. 험하고 괴로운 삶이 지천에 널려 있었는데 나는 그 가운데 보호받으며 여기까지 온 것 같아. 철없이 그냥 살다가 내가 하고 싶었던 공부도 뒤늦게 할 수 있었고 내 이름으로 책도 냈으니까 말야. 만약에 건강이 허락된다면 글을 더 많이 쓰고 싶어.

_ 미니 에세이(2025년)

* 본 내용은 저자와의 인터뷰 내용을 기반으로, AI 기술로 LG유플러스에서 재구성하여 작성되었습니다.

『도산 안창호 전기』 독후감

코로나19의 만연으로 체육관이 문을 닫았다.

30여 년 동안 꾸준히 운동을 해 왔었는데 갑자기 운동을 쉬니까, 몸이 찌뿌드드하고 게으름이 늘었다.

TV 앞에서 뒹굴다가 불현듯 생각나는 것이 있어 밖으로 나갔다. 현관 앞에서 우회전으로 100미터쯤 가다가 다시 우회전으로 100미터쯤 가면, 성수대교 남단 대로가 펼쳐진다. 큰길 가득 차들이 가기도 하다가 서기도 하다가 세월을 낚고 있다.

한동안 차들을 구경하고 있다가 눈을 들어 길 건너편을 바라보았다. 순간 높은 아파트가 시야를 가린다. 아파트 단지가 아니고 개별 아파트인지라 아파트 건물 사이사이로 낮은 건물들이 있어, 건물

뒤편의 푸르른 숲이 시야 가득 펼쳐진다.

'아! 저곳이 이웃들이 말해 주던 도산공원이구나.'

생각과 동시에 길을 건너 공원을 찾아갔다. 집에서 불과 7분 거리에 이렇듯 싱그러운 숲을 지닌 공원이 있다니…. 그리고 체육관의 운동 시설보다 더 훌륭한 기구들이 곳곳에 준비되어 있다. 팔 운동, 다리 운동, 허리 운동….

그리고 싱그러운 숲길을 30분 정도 걷다가 집으로 돌아왔다. 푸른 나무들의 키가 얼마나 큰지 고개를 90도로 꺾어도 아스라하니 시야가 모자란다.

신사동 집으로 이사 온 지 25년이나 지났는데, 그곳에 운동 시설을 갖춘 공원이 있다는 것을 이제야 알다니….

그 후로 열심히 다녔다. 체육관에 다닐 때는 일주일에 서너 번씩 하루 종일을 허비해야 했는데, 요즘은 공원에서 운동하고, 볼일 보고 돌아와도 반나절이면 끝나고, 남은 시간에 책도 읽고, 글도 쓰고, 집안일도 하고, 시간이 남아돌아 간다. 한여름에 다녔어도 그다지 더위를 느끼지 못했으니, 겨울 추위에도 무난하리란 생각을 해 본다.

비싼 회비 들이지 않고, 시간 낭비하지 않고, 이제 맑은 공기 마시고, 운동도 하고, 코로나19로 우울하지만, 새 희망이 생겨 조금 기운이 났다.

내일모레(10월 1일)는 추석이다. 추석 전날은 음식 준비를 해야 하니, 오늘은 운동을 갔다가 시장에 들러야겠다고 생각하고 일찍 집을 나섰다. 팔 운동, 다리 운동, 허리 운동을 끝내고, 세 바퀴를 돌고 난 뒤, 벤치에 앉았다.

교회도 못 가고, 모임에도 못 나가고, 친구들도 못 만나고, 운동도 못 가고… 바깥 생활을 못 해서 답답했던 시간들은 이제 다 지나가고…. 넉넉한 시간이 마음을 평화롭게 만든다.

나무들에 눈을 주고 있다가 이리저리 눈길을 돌리는데, 기둥에 책자가 걸려 있는 것이 보였다.

나는 무엇이나 읽을거리가 있으면 다 읽어 버리는 습관이 있다. 일어서서 책을 뽑아 펼쳐본다. 뒤적거리다가 다시 꽂으려고 하는데 "제21회 도산 안창호 글짓기 공모"라는 글귀가 눈에 들어온다.

아! 오늘이 9월 29일, 마감일이 10월 5일, 그러면 마감일이 일주일 밖에 남지 않았다는 말이다. 나는 왜 이제야 이것을 보게 되었을까?

곰곰이 생각하니, 그것은 숲을 향해 앉기 때문에 뒤를 보지 못한 것 같다. 그래도 한번 도전해 보리라 생각하고 광고지를 자세히 들여다보았다.

안창호 선생의 사진이 보였다. 평소 여기저기 걸려 있는 사진을 많이 보았었지만, 무심히 흘려 보았다. 이렇게 가까이에서 자세히 보기는 처음이다.

그런데 선생의 모습이 내 할아버지와 너무 비슷해서 한동안 시선을 떼지 못했다. 얼굴 윤곽, 짧은 머리, 콧수염, 정장을 한 깔끔한 모습….

아, 그리운 할아버지! 그러나 그 할아버지는 내 기억 속에 없다. 내가 여덟 살 때 돌아가셨으니까. 그렇지만 나를 무척 사랑하셨다는 이야기만으로 나는 할아버지를 그리워한다.

이런저런 이야기로만 내 기억 속에 남아 있는 할아버지는 해방 후, 일주일 만에 돌아가셨다고 들었다.

할아버지의 큰아버지는 조선 말에 높은 벼슬을 한 분이다. 그분은 혜안을 갖고 있어서 앞으로 서양 문물이 들어올 것을 미리 아시고, 자신의 형제 중에서 맏아들에게 영어, 불어, 독일어, 일어를 배우게 하셨다.

우리 할아버지가 일어를 배우셨는데, 중학을 졸업하는 해에 한일합방이 되었다. 졸업 후 일어 실력으로 경성부에 취직을 하셨다. 명석한 두뇌와 출중한 일어 실력으로 승승장구하셨고, 정주 군수를 거쳐 평안도 도지사까지 되셨다. 그러나 거기서 스톱, 더 이상 친일파 노릇은 접기로 했다.

그 후로는 두문불출, 세상과는 인연을 끊었다. 그리고 정주 군수

시절 가까이했던 정주 태생 조선일보사 사장 방응모 씨와 의기투합하여 비밀리에 독립운동 자금을 대기도 하고, 고향 청년들의 학비도 대주고, 나름대로 독립운동을 했으나, 정주 군수, 평안도 도지사라는 타이틀이 없어지지는 않았다.

해방 직후, 경찰서에 소환되어 심문을 받고, 아무 혐의가 없다는 결론이 나서 집으로 돌아오기는 했으나, 그 밤을 어떤 사투를 하며 보냈는지, 새벽에 돌아가시고 말았다. 애통하지만 그런 시대에 태어난 것을 원망하는 수밖에 없는 노릇이었다.

아무리 할아버지 편에서 변명해도 고향에 있는 경복궁 정문을 닮은 이층 기와집, 많은 논과 밭, 많은 노비….

친일파? 독립운동가? 양편을 오가며 생각해도 역시 친일파 쪽이 더 가까운 것 같아 마음이 찜찜하다.

나는 안창호 선생의 사진에 시선을 두다가 다시 '응모 안내'를 자세히 보았다. 응모 분야 ① 도산 안창호 전기 독후감, ② 도산 안창호 기념관 관람 감상문, ③ 도산 안창호 관련 자유 주제(단, 일반부는 도산 안창호 전기 독후감만 응모 가능).

나는 『도산 안창호 전기』를 사려고 서점을 찾았으나, 추석 연휴로 모두 문을 닫았다. 하는 수 없이 「도산 안창호 기념관」 책자로 전기를 정리했다.

안창호 선생은 1878년에 평안도에서 태어나셨고, 1889년, 11살에 아버지를 여의셨다. 교육은 서당에서 수학하셨고, 김현진의 문하에서 한학 수학, 상경 후 밀러학당 보통부에 입학하셨다. 11살에 아버지를 여의셨음에도 낙망하지 않고, 누구보다도 훌륭한 삶을 사셨던 것은 선생의 신념으로 된 것이라 믿는다.

"낙망은 청년의 죽음이요, 청년이 죽으면 민족이 죽는다"라는 신념.

선생은 1895년, '기독교장로회'에 입교하셨다. 많은 시련을 겪으시면서 얼마나 주님께 매달리고 기도하셨을까? 생각하니 너무도 안타까워 눈물이 볼을 타고 흘러내린다. 1938년, 서거하시기까지 옥중에서의 고난, 그렇듯 멋지고 깔끔했던 분의 모습이 다른 사람으로 변해 있는 것을 보면서, 지금 우리 모두는 그분들의 애국충정으로 이렇듯 편한 생활을 한다고 생각하니 또 눈물이 볼을 타고 흐른다.

하나님은 인간의 죄악으로, 세상을 물로 쓸어버리기도 하셨고, 또 사랑하는 이스라엘 민족을 2,000년이라는 긴 세월 동안 유리방황하는 디아스포라로 만들기도 하셨던 분이다. 그러나 하나님의 심판도 이제 신식이 되었나 보다. 눈에 잘 보이지도 않는 작은 바이러스로 세상을 심판하시려는 것을 보면….

어느 분의 글이 생각난다. 그분의 글을 소개하면,

2019년 12월 중국 후베이성 우한시에서 정확한 이유와 병명을 특정할 수 없는 질병이 시작되었다. 감기나 독감처럼 발열, 마른 기침, 근육통 같은 증상을 보였고, 대부분의 의사들은 해열제나 항바이러스제로 문제가 해결될 것이라 기대했다. 하지만 감염자 중 상당수가 심각한 증상을 경험했으며, 증상은 폐렴, 심부전으로 악화되었다. 게다가 기저질환이 있는 환자나 고령자들은 면역계 손상으로 사망에 이르는 경우가 빈번하게 발생하였다. 흔히 코로나19라 부르는 이 신종 전염병은 이렇게 시작되었다. 아직 확실한 백신도, 치료제도 없는 상태로 수많은 인간을 고통받는 숙주, 비참한 시신으로 만들고 있다.

2020년 이전까지 인간들은 전염병을, 이제는 사라진 재앙쯤으로 생각했었다. 하지만 2003년 사스와 2015년 메르스 사태를 경험했으면서도 불구하고, 사람들의 과한 믿음은 바이러스로 인한 신종 전염병을 치명적이지 않은 것으로 쉽게 치부했다. 제약회사들은 사스와 메르스의 확산이 단기간에 한정된 지역에서 멈추자, 이윤이 남지 않는다는 이유로 그리고 바이러스의 변이가 너무 다양하고 이에 대해 일일이 대응하는 것이 경제적으로 효율적이지 않다는 점을 근거로 제시하며 백신의 개발을 멈추었고, 더 이상의 연구를 위한 투자를 중단하였다.

코로나19의 백신은 이러한 이유로 빠르면 올해 말이나 내년 초가 되어야 보급될 것으로 전망된다. 2020년 전염병의 해를 살고 있는 사람들은 이제야 다양한 전염병이 역사의 과정에 수없이 반복되었다는 사실을, 그때마다 엄청난 사람들이 살해되었다는 것을 찾아 읽고는 마치 이를 새롭게 접한 사람처럼 바라보며 소스라치게 놀라고 있다.

선생은 1899년, 21세의 나이에 황무지 개간 사업을 하셨고, 평안남도 강서군에서 점진 학교를 설립하셨다. 21세의 나이면 아직 철도 덜 든 나이인데, 어떻게 개간 사업을 하시고, 학교를 설립하셨는지…. 참으로 위대한 지도자 될 사람은 무엇이 달라도 다른 것 같다. 걷기 운동을 하다가 눈에 띄는, 석판에 새겨진 글귀들이 마음에 와닿는다.

　우리 중에 인물이 없는 것은 인물이 되려고 마음먹고 힘쓰는 사람이 없는 까닭이다. 인물이 없다고 한탄하는 그 자신이 왜 인물될 공부를 아니 하는가?

선생의 약력은 이러하다.
1902년 결혼하시고, 1차로 도미하심. 1903년 샌프란시스코에서 '상항한인친목회' 조직, 회장에 피선. 1905년 '공립협회' 창립, 초대 회장 피선. 「공립신보」 발간.
1907년 도쿄에서 태극학회 유학생들을 만나고 국내로 귀국,

비밀 결사 '신민회' 조직. 1908년 평양 대성학교, 마산동 자기(瓷器) 회사 '태극서관' 등 설립.

1909년 '청년 학우회' 조직. 안중근 의사의 이토 히로부미 처단 배후 혐의로 피체, 2개월 만에 석방.

1910년 국외 망명, 중국 청도에서 독립운동가회의 개최. 1911년 재러 한인 사회 및 북만주 봉밀산 일대 순행.

2차 도미, 1912년 '대한인국민회 중앙총회' 조직, 총회장 피선. 1913년 '흥사단' 창립, 1917년 멕시코, 한인 사회 순방.

1902년에서 1917년까지 15년 동안, 선생은 미주에서 많은 활동을 하셨고, 그 바쁜 와중에도 오렌지밭을 개척하셔서 오렌지를 수확하기도 하셨다. 그리고 우리에게, "오렌지 하나라도 정성껏 따는 것이 나라를 위하는 것입니다"라는 말씀을 남기셨다.

우리 모두 주신 삶을 정성껏 살아야겠다는 생각을 일깨워 주시는 글이다. 또 흥사단을 창립하신 1913년은 참으로 우리에게 뜻깊은 해이다.

1919년, 3.1 독립선언 찬동 포고문 발표. 상해 대한민국 임시정부 내무총장 및 국무총리 서리 취임. 연통제, 교통국 설치. 임정 기관지 「독립」 발간. 대한적십자회 결성 등.

통합 임시정부 노동국 총판 취임. 1920년, '흥사단 원동 임시위원회' 조직. 1921년, 상해에서 국민대표회의 발기. 1922년, 국내에

수양 동우회와 동우구락부 통합 지시. 1923년 국민대표회의 개최, 부의장이 됨. 대독립당 결성을 주장, 이상촌 건설 계획 수립, 1924년 만주 지역 답사. 남경에 동명 학원 설립.

3차 도미, 1925년 미주 동포 사회 순방, 대동단결과 통일 역설. 1926년, 중국으로 돌아와 만주 길림 일대를 답사하여 이상촌 건설 추진. 1927년, 길림에서 유일독립당 결성과 독립운동의 장래를 위한 민중 연설 중 중국 경찰에 피체, 20여 일 만에 석방. 1930년, 상해에서 한국독립당 결성.

상해, 미국, 만주 등 여러 나라를 다니면서, 여러 가지 일을 하면서 정의는 반드시 이루어지는 날이 오리라는 신념을 가지고 이런 말을 남기셨다.

"진리는 반드시 따르는 자가 있고, 정의는 반드시 이루는 날이 있다."

1932년, 윤봉길 의사의 홍구공원 폭탄 투척 의거로 피체, 국내로 압송. 4년 형을 받고, 서대문형무소와 대전형무소에서 복역. 1935년, 대전형무소에서 가출옥, 지방 순회 후, 평남 대보산, 송태 산장 은거. 1937년, 동우회 사건으로 피체, 서대문형무소 수감. 지병으로 보석 출감.

1938년, 3월 10일. 경성 제국대학병원에서 서거. 망우리 공동묘지에 안장.

　　나는 밥을 먹어도 대한의 독립을 위해, 잠을 자도 대한의 독립을 위해
서 해 왔다. 이것은 내 목숨이 없어질 때까지 변함이 없을 것이다.

　목숨이 없어질 때까지, 독립운동을 하셨던 도산 안창호 선생께
사랑과 존경을 바친다. 나는 도산 안창호 선생의 전기를 쓰면서
거의 같은 세대를 사셨던 내 할아버지 생각을 해 보았다.
　초등학교 6학년 어린아이가 한일합방이 무엇인지, 일본 사람들
이 누구인지, 일어를 왜 배우라고 하는지. 아무것도 아는 것이 없이
부모가 시키는 대로 모든 것을 했을 뿐이다. 두뇌 명석하여 공부도
잘했고, 졸업 후 경기도청에 취직도 했다. 공무원, 말단 직원이 위에
서 시키는 대로 학생들 징용에 끌어내었고, 처녀들을 정신대에 보냈
고, 조상 제사에 쓰려고 감춰 둔 놋그릇, 무기 만들라고 찾아내 주었
고, 밤에 집집을 다니며 양식 빼앗아 가는 데 앞장서고… 더 이상
무슨 말을 할 것인가?
　철이 들고 나서 자신이 하고 있는 일이 무엇인지 인지하고, 그
일을 그만두려고 많이 고민했으나, 줄줄이 5남매의 장래를 생각하
면 직장을 그만둘 수도 없는 일. 그렇다고 계속 그 일을 할 수도
없는 일. 그래서 고민 끝에 독립운동 자금을 대기도 하고, 고향 학생

들 학비를 주기도 했으나, 영원히 붙어 다니는 일본 정부의 고위 공무원이라는 타이틀, 두 분 다 시국을 잘못 타고 나서임을 어찌하랴.

그러나 할아버지, 당신이 길러낸 많은 청년의 자손들이 지금 다 나라를 위해서 열심히 일하고 있으니 편히 잠드세요. 사랑해요.

_ 제21회 도산 안창호 글짓기 공모전 일반부 특별상 수상(2020년)

함박눈이 내리는 밤이면

2025년 4월 30일 처음 펴냄

지은이   민윤숙
펴낸이   김영호
펴낸곳   도서출판 아이워크북
등 록   제313-2004-000186
주 소   서울시 마포구 월드컵로 163-3
전화/팩스   02-335-2630 / 02-335-2640
이메일   yh4321@gmail.com
인스타그램   instagram.com.dongyeon_press

ISBN 978-89-91581-42-5 03040